Knaur

Ute Hammond

Mein erstes Nähbuch

Für mein jüngstes Enkelkind Albert

Ute Hammond

Mein erstes Nähbuch

Der Nähkurs
für Kinder
ab 8 Jahren

Inhalt

Vorwort

Ich habe nie ein Vorwort gelesen, bis ich eines Tages auf einer Zugfahrt mit meinem Buch fertig war und mich schrecklich langweilte. In meiner Verzweiflung las ich das Vorwort. Ja, und wie erstaunt war ich, was so alles über das Buch in diesem Vorwort stand. Seitdem lese ich immer das Vorwort, und zwar zu allererst!

Vielleicht magst du ja auch ein bisschen mehr über dieses Buch wissen und liest deshalb

das Vorwort.

In diesem Buch beschreibe ich dir, wie man mit der Hand näht.
Natürlich kannst du alle Modelle auch mit der Nähmaschine nähen – aber nicht alle Kinder haben zu Hause eine Nähmaschine, und viele sind auch noch zu klein dafür.
Mit der Hand kannst du überall nähen: zu Hause, im Urlaub oder wenn du unterwegs bist.
Außerdem möchtest du manchmal vielleicht nur eine »Klitzekleinigkeit« nähen, dann lohnt es sich gar nicht erst, die Maschine aufzubauen.

Für große Sachen wie Kleider, Mäntel oder Hosen eignet sich natürlich die Nähmaschine besser. Aber in den Ateliers der berühmten Modeschöpfer in Paris werden alle Kleider immer noch mit der Hand genäht. Die Nähte werden dann viel weicher und anschmiegsamer.
Und noch etwas finde ich so schön beim Nähen mit der Hand: Man kann gemütlich auf dem Bett, Sofa oder Boden sitzen, Radio, Musik, Märchen- und Abenteuerkassetten hören und dabei still vor sich hin nähen.
Sicher findest du in diesem Buch etwas, das dir besonders gut gefällt und das du gerne nähen möchtest – vielleicht für dich selbst oder als Geschenk für Mama, Papa, Oma, Opa, Tante, Onkel, Freundin oder Freund.
Damit du es ganz einfach hast, habe ich dir bei allen Dingen aufgeschrieben, was du alles brauchst, mit welchem Stich du wo nähst und wie du den Stoff aus- und zuschneidest.

Ich wünsche dir auf jeden Fall viel Spaß beim Nähen.

Ute Hammond

Was du unbedingt zum Nähen brauchst ...

... und was du sonst noch dafür verwenden kannst, zeige ich dir auf diesen Seiten. Das meiste davon gibt es sicher bei euch zu Hause. Frag einfach deine Mutter: Vielleicht darfst du dir Schere, Maßband und Nadeln aus ihrem Nähkasten ausleihen.

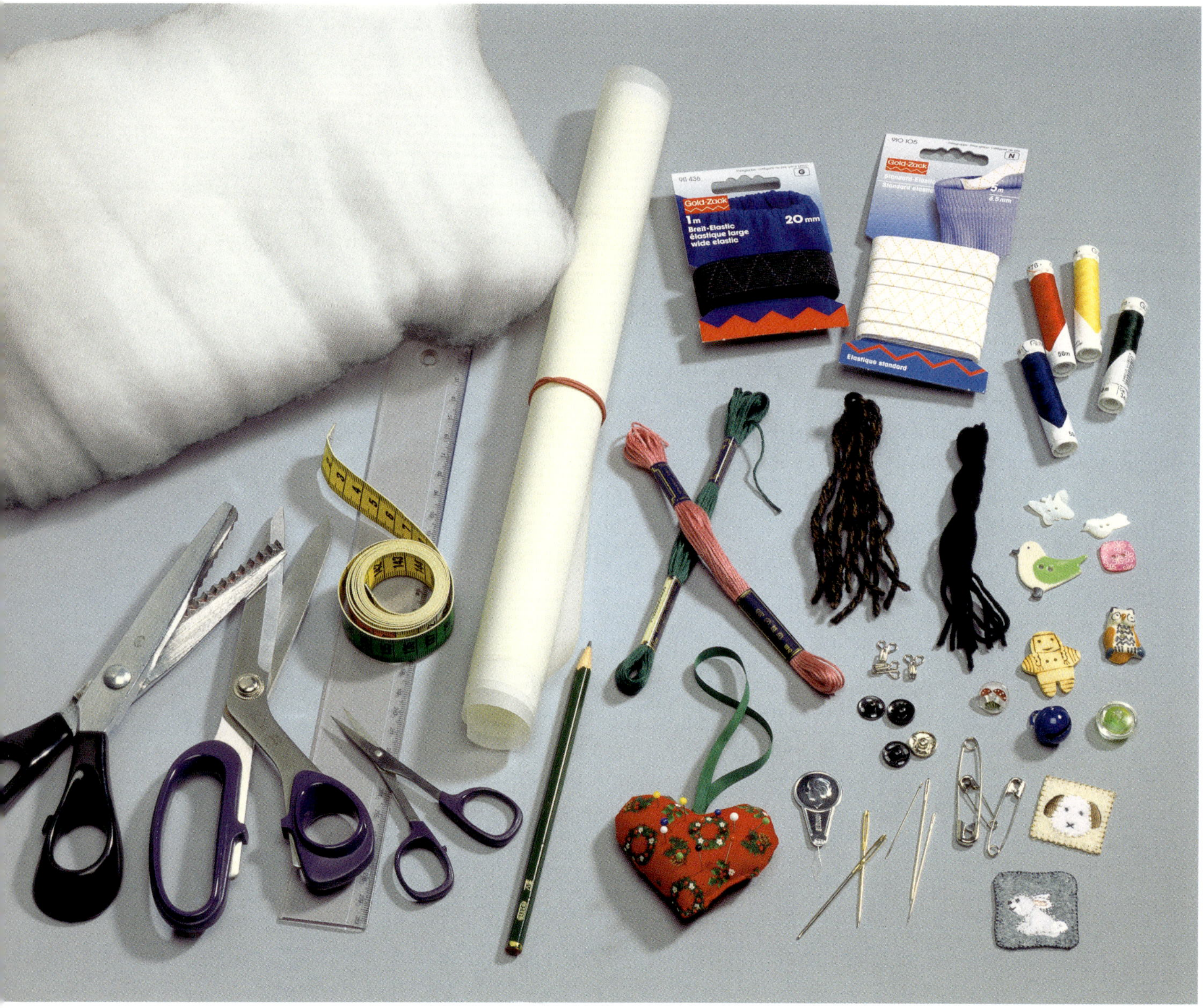

Das Material zum Nähen

Stoffe
gibt es so viele, dass man gar nicht alle zeigen kann: Wollstoffe, Seidenstoffe, Baumwollstoffe, Leinenstoffe und noch viele mehr. Einige Sachen in diesem Buch sind aus Polarfleece genäht; das ist besonders schön kuschelig. Sehr praktisch für alle, die das Nähen gerade erst lernen, ist Filz, weil er nicht ausfranst.

Knöpfe
gibt es in Millionen verschiedener Farben, Formen und Größen, mit zwei oder vier Löchern oder mit kleinen »Füßchen« zum Annähen, aus Perlmutt, Holz, Kunststoff, Leder, Metall. Manche Knöpfe haben sogar die Form von Herzen, winzigen Buntstiften, Tieren, Häusern oder Autos.

Nähgarne
Auch hier ist die Auswahl sehr groß, deshalb stelle ich dir hier nur die wichtigsten Garne vor. Es gibt Nähgarne aus reiner Seide, Baumwolle oder Kunstfasern. Sie sind auf Rollen mit 50 m, 100 m, 200 m oder sogar mit 500 m aufgewickelt. Die vielen, vielen Farben kann man kaum zählen, denn zu jedem Stoff muss ein Nähgarn ganz genau passen, damit man die Naht nicht sieht. Und wenn es eine Ziernaht ist, die man sehen soll, dann muss die Farbe erst recht passen.

Das Werkzeug zum Nähen

Nadeln
brauchst du natürlich unbedingt zum Nähen. Es gibt dicke und dünne. Hast du einen dünnen Stoff, so nimmst du auch eine dünne Nadel, und einen dicken Stoff nähst du mit einer dickeren Nadel. Ist doch klar, oder?

Genauso wichtig wie die Nadeln sind die
Scheren
Die Stoffschere ist die größte unter den Scheren. Sie schneidet alle Stoffe – ob dick oder dünn. Mit einer kleineren Schere kann man natürlich viel besser Fäden abschneiden; sie ist nicht so schwer.
Und für ganz feine Sachen, wenn man zum Beispiel kleine Schlitze an Rundungen einschneiden will, ist eine kleine Stickschere ganz besonders geeignet. Achtung! Mit Stoff- und Handarbeitsscheren darfst du nur Stoffe und Fäden schneiden, sonst werden sie in kürzester Zeit stumpf. Gute Scheren sind teuer – und wenn du mit der besten Schere deiner Mutter Pappe schneidest, bekommst du garantiert Ärger.
Ja, und dann gibt es noch eine ganz besonders tolle Schere: die Zackenschere. Das ist eine Schere, die an beiden Schneidekanten Zacken hat. Wenn du damit Stoff schneidest, bekommt er eine Zick-Zack-Kante (und die Schere daher ihren Namen). Diese Kante sieht nicht nur sehr hübsch aus, der Stoff kann an dieser Kante auch nicht ausfransen.

Das sind die wichtigsten Dinge beim Nähen, denn wenn du Nadel, Faden, Schere und Stoff hast, kannst du nähen.

Noch ein paar Helfer und Hübschmacher

Maßband
Mit dem Maßband kannst du alles abmessen. Damit du es ganz einfach hast, benütze ich in diesem Buch oft ein Lineal statt eines Maßbandes. Warum? In manchen Familien gibt es gar kein Maßband, aber jedes Schulkind hat ein Lineal, und außerdem meine ich, dass du damit manche Sachen viel einfacher abmessen kannst als mit dem »Wickeli-wackeli-Maßband«. Und bei einigen Vorschlägen kannst du sogar dieses Buch zum Abmessen verwenden. Praktisch, nicht?

Stecknadeln
Es gibt Stecknadeln mit kleinen silbernen Köpfchen und ganz wunderschöne mit bunten Glasköpfen. Beide eignen sich gleich gut fürs Nähen. Ich finde die mit den bunten Köpfen besonders schön.

Mit den Stecknadeln kannst du Teile zusammenstecken, bevor du sie nähst, oder etwas aufstecken und dann annähen.

Sicherheitsnadeln
Auch sie gibt es in verschiedenen Größen, schwarz oder silberfarben. So richtig gehören sie eigentlich nicht zum Nähen. Meistens benutzt man sie, weil etwas Genähtes nicht recht gehalten hat!
Manchmal machen sie sich aber auch beim Nähen nützlich: beim Einziehen von Gummi, Bändern und Kordeln zum Beispiel.

Nadeleinfädler
Er hilft – wie sein Name schon sagt – beim Einfädeln des Fadens in die Nadel.
Wenn du eine sehr dünne Nadel mit einem ganz dünnen Nadelöhr hast, steckst du den kleinen Draht des Einfädlers durch das Öhr hindurch. Dann fädelst du deinen Faden bequem in die große Drahtschlinge ein, ziehst den Draht durch das Nadelöhr hindurch, und schwuppdiwupp ist dein Faden eingefädelt.

Druckknöpfe
gibt es in vielen verschiedenen Größen, schwarz oder silberfarben.

Haken und Ösen
gibt es in drei Größen, schwarz und silberfarben.

Gummibänder
kennst du vielleicht vom Gummitwist-Hüpfen. Beim Nähen brauchst du sie zum Beispiel als Hosengummi. Es gibt flache und runde, breite und schmale Gummibänder, manchmal mit Knopflöchern, in Schwarz oder Weiß und manchmal auch in anderen Farben.

Außerdem habe ich hier in deinem Buch noch folgende Dinge verwendet:

Nadelkissen
Die Auswahl an Nadelkissen ist riesig! Mir hat das kleine Herz am besten gefallen.

Papier und Bleistift
Durchsichtiges Papier und einen Bleistift brauchst du zum Abpausen der Schnitte.

Füllwatte
gibt es in Beuteln zu kaufen. Es ist ganz erstaunlich, wie viel Watte schon in einem kleinen Schmusetier »verschwindet«.

Stickgarn, Quasten und Applikationen
sind wunderbare »Hübschmacher« für deine selbst genähten Sachen.

Wegweiser durch das Buch

Die gelben Seiten
Hier steht alles über die Stiche, die du zum Nähen kennen solltest, aber auch darüber, wie du Fäden vernähst oder Knöpfe, Druckknöpfe, Haken und Ösen annähst.

Schnittmuster
sind Zeichnungen, nach denen du den Stoff ausschneidest. Wie und wo du schneiden musst und wie viele gleiche Teile du brauchst, steht bei den Schnittmustern. Damit du dein Buch nicht zerschneiden musst, paust du die Zeichnungen mit Transparentpapier oder Butterbrotpapier und einem Bleistift ab. Pass auf, dass sich das Papier während des Durchpausens nicht verschiebt!

Der Vogel Kalli

zeigt dir immer, auf welcher Seite du eine Erklärung findest. Das ist nützlich, wenn du mal vergessen hast, wie ein Stich geht, und nachschlagen willst.

Die gelben Seiten

Vorstich, Heftstich und Einreihstich

sind eigentlich ein und derselbe Stich, und du arbeitest sie auch fast gleich. Einziger Unterschied: Beim Vorstich machst du ganz kleine Stiche, beim Heftstich etwas größere und beim Einreihstich ganz große.

Wofür kannst du diese Stiche verwenden?

Mit dem Vorstich

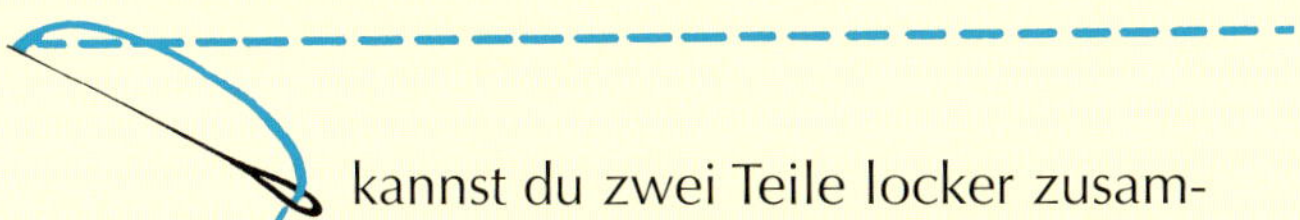

kannst du zwei Teile locker zusammennähen. Je kleiner du den Stich arbeitest, umso fester halten die Teile zusammen.

Und der Heftstich?

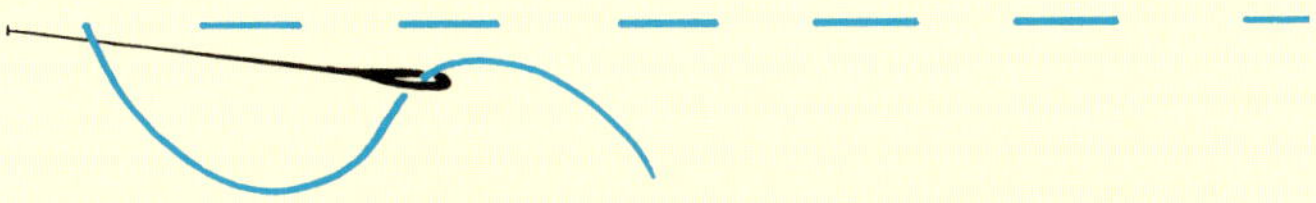

Sein Name verrät ihn. Mit ihm kannst du Sachen zusammenheften, um zu sehen, ob alles passt, bevor du anfängst richtig zu nähen. Am besten machst du einen dicken Knoten ins Fadenende und beginnst auf der Oberseite zu nähen. Wenn du dann mit dem richtigen Stich genäht hast, ziehst du den Heftfaden an dem Knoten einfach wieder heraus.

Beim Einreihstich

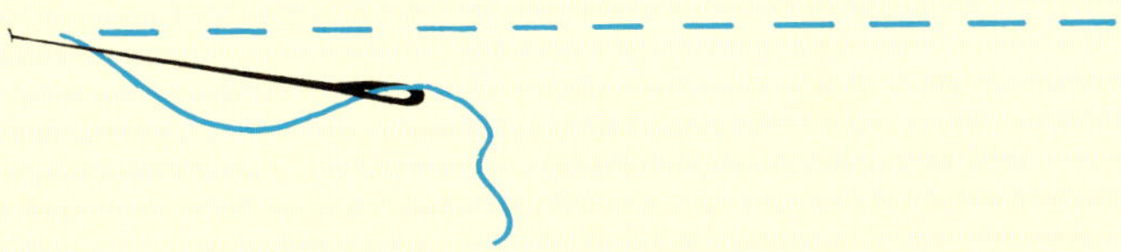

sagt auch schon der Name, wozu du den Stich gebrauchen kannst. Wenn du etwas einkräuseln – man sagt auch: einreihen – willst, wie zum Beispiel den Rock der Puppe, dann nähst du mit dem Einreihstich durch den Stoff hindurch, ziehst an einem Ende am Faden, und schon kräuselt sich der Stoff. Aber Achtung: Auf der einen Seite, also an der Seite, an der du nicht am Faden ziehst, musst du einen Knoten machen, sonst kräuselt sich nichts, sondern der Faden flutscht einfach aus dem Stoff heraus.

Lies auf der nächsten Seite, wie du den Vorstich, den Heftstich oder den Einreihstich nähst.

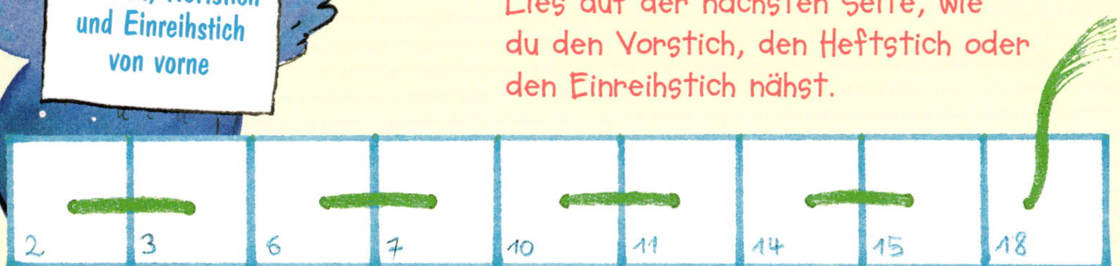

Vorderseite des Stoffes

Stich auf der **Rückseite** bei Loch **1** ein und ziehe den Faden an, bis der Knoten am Loch hängen bleibt.
Du kommst auf der **Vorderseite** bei Loch **2** heraus.
Stich auf der **Vorderseite** bei Loch **3** ein.
Du kommst auf der **Rückseite** bei Loch **4** heraus.
Stich auf der **Rückseite** bei Loch **5** ein.
Du kommst auf der **Vorderseite** bei Loch **6** heraus.
Stich auf der **Vorderseite** bei Loch **7** ein.
Du kommst auf der **Rückseite** bei Loch **8** heraus.
Stich auf der **Rückseite** bei Loch **9** ein.
Du kommst auf der **Vorderseite** bei Loch **10** heraus.
Stich auf der **Vorderseite** bei Loch **11** ein.
Du kommst auf der **Rückseite** bei Loch **12** heraus.
Stich auf der **Rückseite** bei Loch **13** ein.
Du kommst auf der **Vorderseite** bei Loch **14** heraus.
Stich auf der **Vorderseite** bei Loch **15** ein.
Du kommst auf der **Rückseite** bei Loch **16** heraus.
Stich auf der **Rückseite** bei Loch **17** ein.
Du kommst auf der **Vorderseite** bei Loch **18** heraus.

Na, ist das nicht ein einfacher Stich? Sicher kannst du ihn schon perfekt. Egal, ob du ihn größer oder kleiner nähst: Wichtig ist, dass alle Stiche ungefähr gleich lang sind. Aber mit ein bisschen Übung klappt das bestimmt bald!

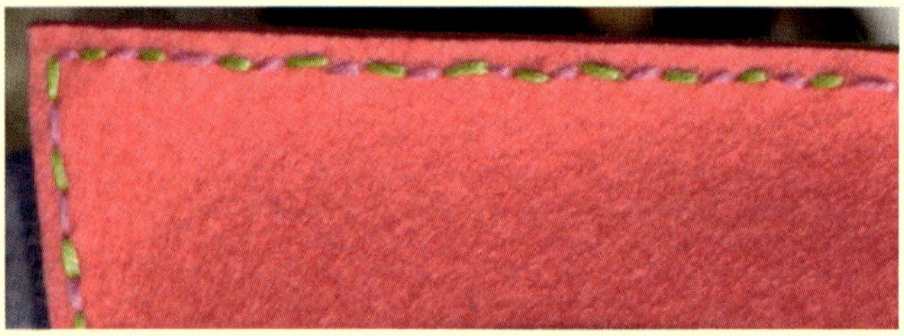

Hier siehst du genau, wie eine Vorstich-Naht ausschaut.

Rückseite des Stoffes

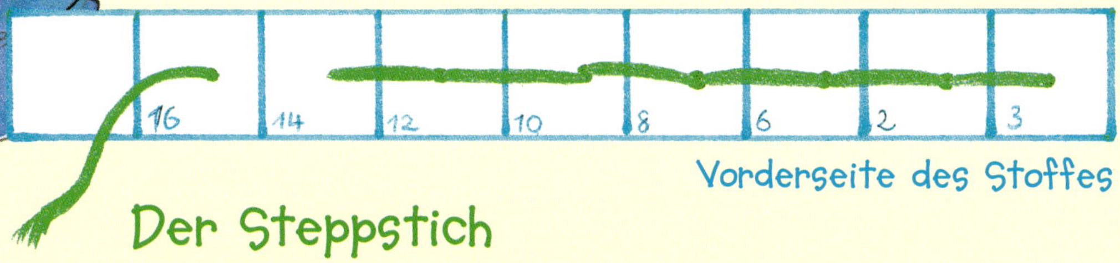

Vorderseite des Stoffes

Der Steppstich

sieht fast so aus, als wäre er mit der Nähmaschine genäht. Er verbindet zwei Stoffe ziemlich fest. Mach möglichst kurze Stiche und lass keine Abstände zwischen den einzelnen Stichen: Die Naht sollte aussehen wie eine durchgezogene Linie.

Steppstich von vorne

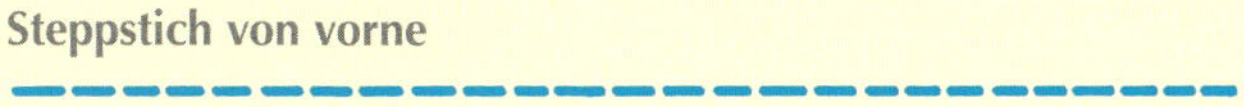

Steppstich von hinten

So nähst du den Steppstich

Auf Seite 12 oben sage ich dir wieder ganz genau, bei welchem Kästchen du einstechen musst und bei welchem Kästchen du herauskommst. Bei diesem Stich ist es aber ganz, ganz wichtig, dass du auf der Vorderseite immer in das rechts daneben liegende Loch zurückstichst, aus dem du beim vorherigen Stich herausgekommen bist!

Der Überwendlingstich

kann sich nicht so richtig entscheiden, wie er wirklich heißen will. Manchmal heißt er Überwindlingstich oder Überwindlichstich. Egal wie er sich nennt, genäht wird er gleich. Du stichst immer von hinten nach vorne durch den Stoff hindurch und dadurch liegt dein Faden auf der Stoffkante.

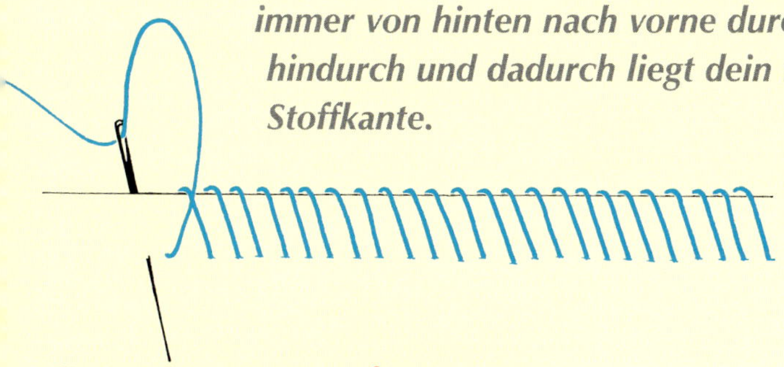

Damit du es ganz einfach hast, habe ich es dir auf Seite 12 unten wieder haarklein aufgeschrieben, wie es geht.

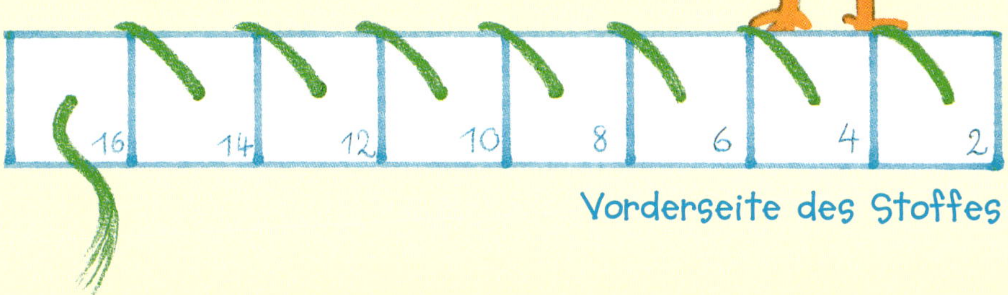

Vorderseite des Stoffes

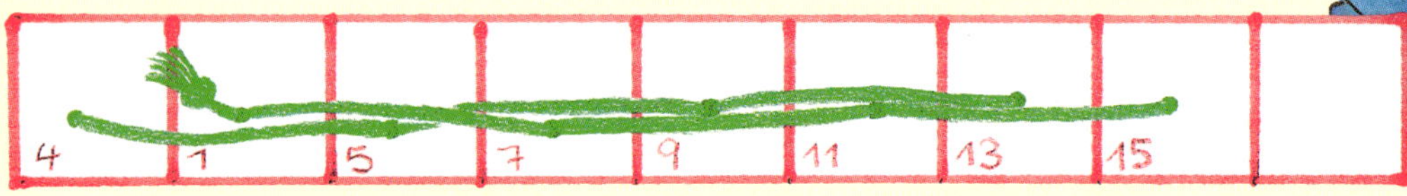

Rückseite des Stoffes

So geht der Steppstich

Stich auf der **Rückseite** bei Loch **1** ein.
Du kommst auf der **Vorderseite** bei Loch **2** heraus.
Stich auf der **Vorderseite** bei Loch **3** ein.
Du kommst auf der **Rückseite** bei Loch **4** heraus.
Stich auf der **Rückseite** bei Loch **5** ein.
Du kommst auf der **Vorderseite** bei Loch **6** heraus.
Stich auf der **Vorderseite** bei Loch **2** ein (genau in das gleiche Loch, in dem dein Faden schon steckt).
Du kommst auf der **Rückseite** bei Loch **1** heraus.
Stich auf der **Rückseite** bei Loch **7** ein.
Du kommst auf der **Vorderseite** bei Loch **8** heraus.
Stich auf der **Vorderseite** bei Loch **6** ein (genau in das gleiche Loch).
Du kommst auf der **Rückseite** bei Loch **5** heraus.
Stich auf der **Rückseite** bei Loch **9** ein.
Du kommst auf der **Vorderseite** bei Loch **10** heraus.
Stich auf der **Vorderseite** bei Loch **8** ein du weißt schon genau in das gleiche Loch.
Du kommst auf der **Rückseite** bei Loch **7** heraus.
Stich auf der **Rückseite** bei Loch **11** ein.
Du kommst auf der **Vorderseite** bei Loch **12** heraus.
Stich auf der **Vorderseite** bei Loch **10** ein.
Ich glaube, ich muss dir nicht noch einmal sagen: in das gleiche Loch.
Du kommst auf der **Rückseite** bei Loch **9** heraus.
Stich auf der **Rückseite** bei Loch **13** ein.
Du kommst auf der **Vorderseite** bei Loch **14** heraus.

Na, jetzt kannst du es doch sicher schon sehr gut.

So geht der Überwendlingstich

Stich auf der **Rückseite** bei der **1** ein.
Du kommst auf der **Vorderseite** bei der **2** heraus.
Stich auf der **Rückseite** bei der **3** ein.
Siehst du, der Faden legt sich automatisch über die Kante.
Du kommst auf der **Vorderseite** bei der **4** heraus.
Stich auf der **Rückseite** bei der **5** ein.
Und wieder legt sich der Faden über die Kante.
Du kommst auf der **Vorderseite** bei der **6** heraus.
Stich auf der **Rückseite** bei der **7** ein.
Du kommst auf der **Vorderseite** bei der **8** heraus.
Stich auf der **Rückseite** bei der **9** ein.
Du kommst auf der **Vorderseite** bei der **10** heraus.
Stich auf der **Rückseite** bei der **11** ein.
Du kommst auf der **Vorderseite** bei der **12** heraus.
Stich auf der **Rückseite** bei der **13** ein.
Du kommst auf der **Vorderseite** bei der **14** heraus.
Stich auf der **Rückseite** bei der **15** ein.
Du kommst auf der **Vorderseite** bei der **16** heraus.

Ich glaube, du kannst es jetzt fast im Schlaf und kommst ohne meine Beschreibung weiter.

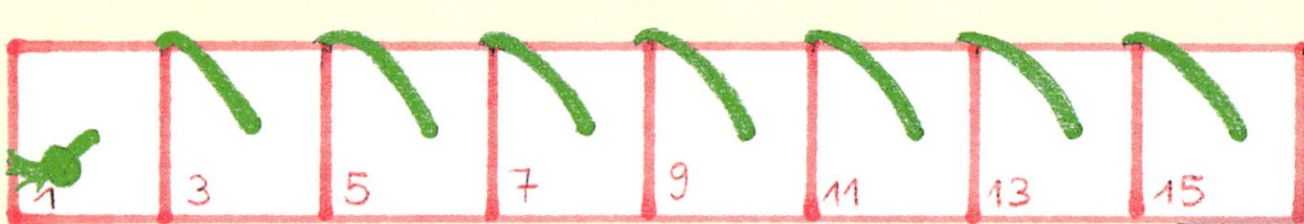

Rückseite des Stoffes

Der Schlingstich

hat auch noch zwei ganz vornehme Namen: Langettenstich oder Festonstich. Klingt doch sehr fein oder? Aber egal wie er heißt – er ist ganz einfach zu nähen.

Du kannst mit ihm Knopflöcher ausnähen, dann werden die Stiche ganz, ganz eng nebeneinander gesetzt.

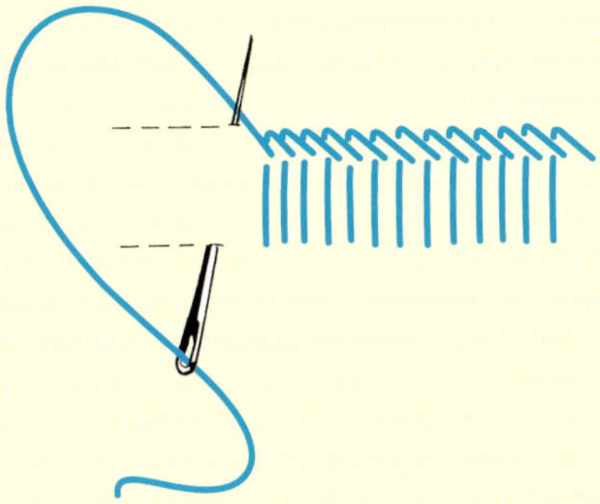

Wenn du etwas hübsch einfassen willst, so wie die roten Handschuhe auf S. 32f., dann arbeitest du die Stiche etwas weiter auseinander.

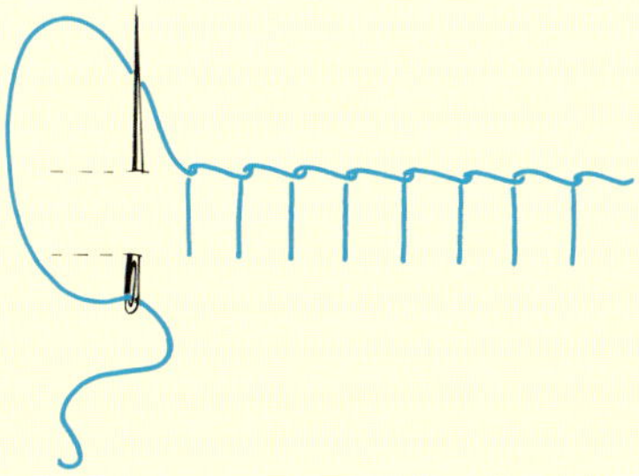

Zur Abwechslung und zur Zierde kannst du die Stiche auch unterschiedlich lang nähen.

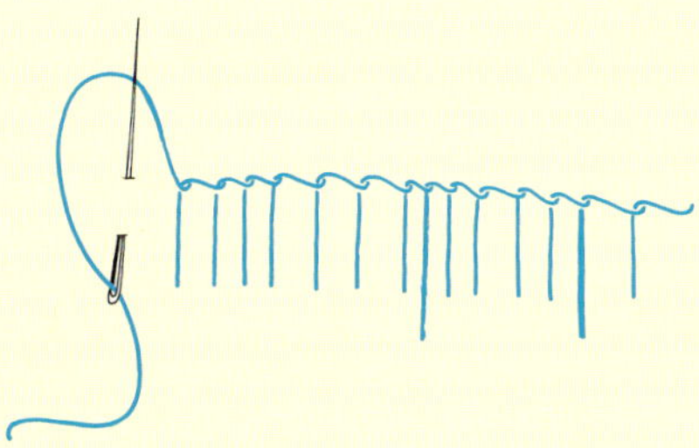

Der Schlingstich wird immer an einer Kante entlang genäht. Wenn du dir einen Zettel mit Kästchen und Zahlen zum Üben vorbereitest, lass die obersten Kästchen am Rand deines Blattes enden.
Du siehst die Kästchen mit den Zahlen der Vorderseite auf dieser Buchseite. Die Kästchen der Vorderseite sind blau. Auf der nächsten Seite siehst du die roten Kästchen der Rückseite. Damit du alles gut erkennen kannst, sind die Stiche grün gedruckt.
In jedem Kästchen steht eine Zahl.
Damit das nicht ein schrecklicher Wirrwarr wird, schreibe ich es dir ganz ausführlich auf:

Fädle den Faden in die Nadel und mache am Ende einen Knoten, damit der Faden dir nicht durch den Stoff flutscht. (Das ist eine große Ausnahme, weil du das Nähen erst lernst. Wenn du es einmal gut kannst, machst du keinen Knoten mehr. Dann vernähst du den Faden.)

Auf der nächsten Seite kommt erst einmal der Anfang für deinen Schlingstich.

Vorderseite des Stoffes

Stich auf der Rückseite bei 1 ein.
Du kommst auf der Vorderseite bei 2 heraus. Ziehe den Faden bis zum Knoten an.
Lege den Faden oben über die Kante und stich noch einmal auf der Rückseite bei 1 ein.
Dein Faden ist jetzt auf der Vorderseite über den Kästchen 2 und 3 gespannt. »Fahre« auf der Vorderseite mit Nadel und Faden zweimal unter dem gespannten Faden bei Kästchen **3 – also oben auf der Kante** – hindurch, so, dass der Faden bei der 3 auf der Kante liegen bleibt.
Stich auf der Vorderseite bei 4 ein.
Jetzt passiert etwas ganz Spannendes: Du ziehst den Faden nicht an, sondern legst ihn zu einer großen Schlaufe.
Du kommst auf der Rückseite bei 5 heraus.
»Fahre« auf der Rückseite entlang bis oben zum Stoffrand bei 6.
Hebe die Schlaufe ganz einfach über die Nadel und ziehe den Faden an.
Hurra, das war ein erster Schlingstich! Langweilig wird es dir bei diesem Stich ganz bestimmt nicht.
Probier es gleich noch einmal.
Stich auf der Vorderseite bei 7 ein.
Du kommst auf der Rückseite bei 8 heraus.
Achtung, den Faden nicht ganz fest anziehen:
Du weißt ja, dass du eine Schlaufe brauchst.
Fahre auf der Rückseite mit Nadel und Faden hoch bis zur Schlaufe oben am Stoffrand bei 9.
Hebe die Schlaufe über die Nadel und ziehe den Faden an.
Das war dein zweiter Schlingstich.
Stich auf der Vorderseite bei 10 ein.
Du kommst auf der Rückseite bei 11 heraus. Den Faden nicht ganz fest anziehen, weil du eine Schlaufe brauchst.

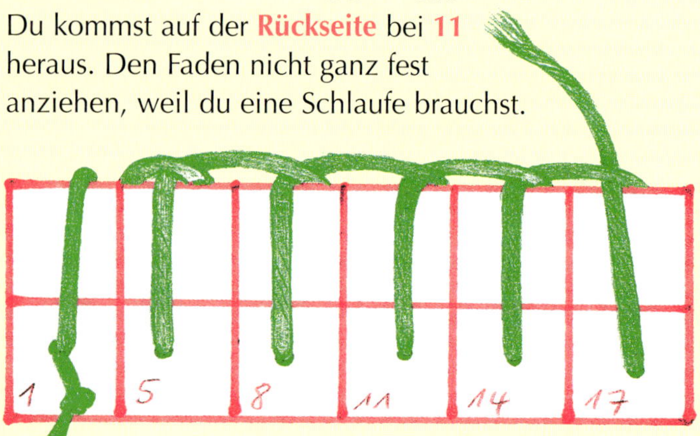

Rückseite des Stoffes

Fahre auf der Rückseite mit Nadel und Faden hoch bis zur Schlaufe oben am Stoffrand bei 12.
Die Schlaufe über die Nadel heben und den Faden anziehen.
Und noch einmal, weil es jetzt schon so toll klappt.
Stich auf der Vorderseite bei 13 ein.
Du kommst auf der Rückseite bei 14 heraus.
Lasse eine Schlaufe.
Fahre auf der Rückseite mit Nadel und Faden hoch bis zur Schlaufe oben am Stoffrand bei 15.
Hebe die Schlaufe über die Nadel und ziehe den Faden an.
Und noch ein letztes Mal:
Stich auf der Vorderseite bei 16 ein.
Du kommst auf der Rückseite bei 17 heraus.
Schlaufe lassen.
Fahre auf der Rückseite mit Nadel und Faden hoch bis zur Schlaufe oben am Stoffrand bei 18.
Hebe die Schlaufe über die Nadel und ziehe den Faden an.

Jetzt kannst du den Schlingstich sicher schon ganz perfekt.

Und hier noch ein Tipp:

Damit dein Stich ganz schön gleichmäßig wird, kannst du mit einem Lineal und einem Bleistift kleine, feine Punkte auf deinem Stoff anzeichnen, immer an der Stelle, an der du einstechen willst. Sie markieren die Länge der Stiche und den Abstand der einzelnen Stiche voneinander.

Faden vernähen

Du fragst dich vielleicht: Was ist denn das? Wenn du mit dem Nähen fertig bist oder wenn du so viel genäht hast, dass dein Faden schon ganz kurz geworden ist, dann vernähst du das »Faden-Schwänzchen«. Das geht ganz einfach. Du ziehst deinen Faden auf der Rückseite (Innenseite) unter ein paar Stichen hindurch. Faden abschneiden – fertig.
So einfach ist das!

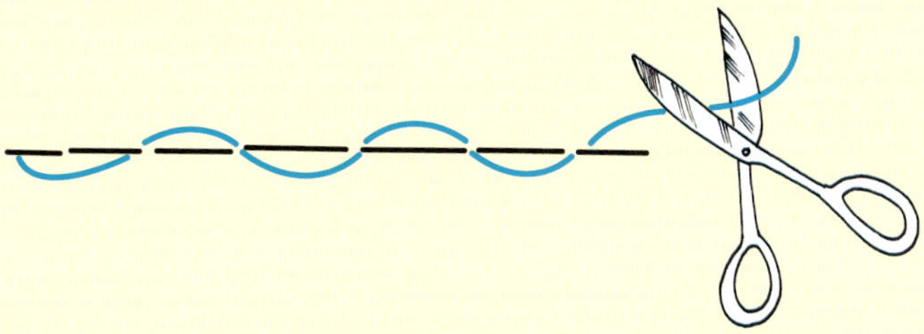

Knopf annähen

Bei allen Knöpfen bereitest du erst einmal dein Nähzeug vor: Nadel, Faden und Schere.
Schneide dir einen Faden ungefähr so lang wie diese Buchseite ab.
Fädle ihn mit dem einen Ende durch das Nadelöhr und mach am anderen Ende einen Knoten.
Wenn du den Faden doppelt nimmst, bist du schneller mit dem Nähen fertig. Das machst du so: Faden durch das Nadelöhr fädeln, den Faden bis zur Mitte durchziehen und die beiden Enden zusammenknoten.

Der Knopf mit zwei Löchern
Er ist am einfachsten anzunähen, weil er ja nur zwei Löcher zum Durchstechen hat.
Fahre mit der Nadel von der Unterseite deines Stoffes noch oben, durch eines der Löcher des Knopfes hindurch und dann durch das zweite Loch wieder zurück zur Unterseite. Das machst du drei- bis viermal. Du endest auf der Unterseite des Stoffes und vernähst den Faden, indem du ein paar Mal unter den Stichen hindurchstichst. Schneide den Faden ganz kurz ab.

Der Knopf mit vier Löchern
Du nähst ihn genau so an wie den Knopf mit den zwei Löchern, nur stichst du eben in vier Löcher und nicht nur in zwei.
Den Vierloch-Knopf kann man auch ganz raffiniert annähen. Schau, hier habe ich es dir aufgezeichnet:

Der Knopf mit einer Öse auf der Unterseite
Manche Knöpfe haben eine Metallöse an der Unterseite. Da diese Öse den Faden sehr leicht durchscheuert, brauchst du ein ganz spezielles Garn zum Annähen: ein Knopflochgarn, das dicker und fester als ein normales Garn ist.
Nimm den Faden doppelt (wie du das machst, habe ich am Anfang dieses Kapitels über das Annähen von Knöpfen erklärt) und mache einen Knoten.
Stich mit der Nadel und dem Faden von unten nach oben durch den Stoff hindurch. Stich zuerst durch die Öse des Knopfes und dann von oben nach unten durch den Stoff, dann wieder von der Unterseite nach oben, durch die Öse hindurch und wieder zurück durch den Stoff nach unten.
Das machst du drei- oder viermal und fertig. Zum Schluss stichst du den Faden auf der Stoffrückseite unter den Stichen hindurch, ziehst ihn an und schneidest ihn ab.

Der Druckknopf

ist ein ganz raffinierter und sehr praktischer Knopf. Wenn man keine Knopflöcher nähen kann oder will, näht man einfach einen Druckknopf an – und schon hat man einen Verschluss.

Druckknöpfe gibt es aus silbernem oder schwarzem Metall oder aus durchsichtigem Plastik und natürlich auch in vielen verschiedenen Größen.

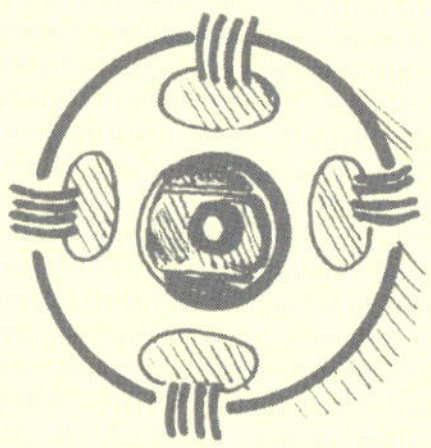

Der Druckknopf besteht aus zwei Teilen, die, wie der Name schon sagt, zusammengedrückt werden. Auf der einen Seite siehst du in der Mitte eine kleine Kuhle, eine Einbuchtung …

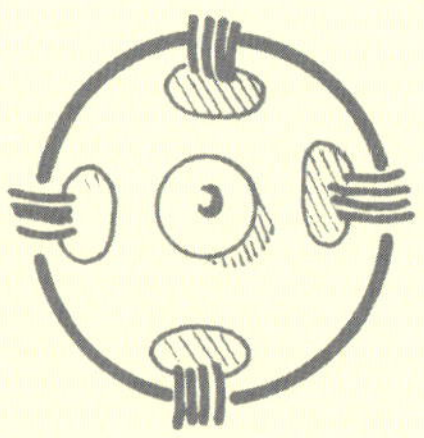

… und auf der anderen Seite ein kleines rundes Zäpfchen.

Das Einzige, worauf du beim Annähen aufpassen musst, ist, dass das Zäpfchen genau in die kleine Kuhle »trifft« – sonst kannst du den Druckknopf nicht schließen, oder dort wo du ihn knöpfst, wird alles krumm und schief.
Der Druckknopf hat am Rand vier Löcher, an denen er festgenäht wird. Schneide einen Nähfaden etwa so lang wie diese Buchseite ab. Fädle den Faden durch das Nadelöhr.

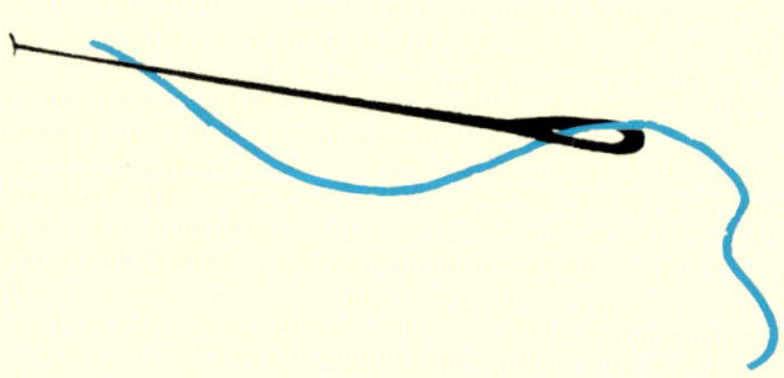

Egal ob normaler Knopf oder Druckknopf: Ich nehme zum Annähen den Faden immer doppelt. Man muss nur halb so oft durch die Löcher des Knopfes stechen, und der Knopf hält genauso gut.

Wenn du so wie ich nähen möchtest, ziehe den Faden so lange durch das Nadelöhr, bis Fadenanfang und Fadenende zusammentreffen. Hier mache einen Knoten mit beiden Fäden. Der Faden liegt jetzt doppelt, und du beginnst zu nähen.
Damit du den hässlichen Knoten nicht auf der Oberseite deiner Näharbeit hast, stich erst einmal von der Unterseite des Stoffes zur Oberseite durch. Die Spitze der Nadel schaut aus dem Stoff heraus. Nimm die eine Seite des Druckknopfes und fädle eines der vier Löcher über die Nadelspitze. Zieh die Nadel ganz aus dem Stoff heraus und den Faden bis zum Knoten. Schon wackelt der Druckknopf an dem Faden herum. Aber er soll ja ganz fest sitzen. Stich dicht neben dem äußeren Rand des Druckknopfes in den Stoff zurück. Wieder von unten nach oben, diesmal wieder durch das Druckknopfloch – was für ein komisches Wort! – hindurch.
Na, ist das nicht ganz einfach? So machst du das bei jedem der Löcher ungefähr viermal, und schon ist ein Teil deines Druckknopfes angenäht.

Das andere Teil wird ganz genauso angenäht. Aber vergiss nicht, auf die Einbuchtung und das Zäpfchen zu achten.

Haken und Öse

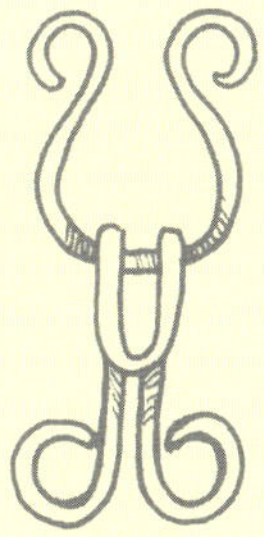

gibt es aus silbernem oder schwarzem Metall und in drei Größen – große, mittelgroße und winzig kleine. Haken und Ösen sind etwas sehr Praktisches zum Schließen von Röcken oder Hosen oben am Bund. Man näht sie auf der Innenseite an; dann sind sie ganz unsichtbar. Schön sieht es auch aus, wenn du viele Häkchen untereinander an eine Jacke oder Weste nähst. Dort näht man sie manchmal so an, dass man sie als Schmuck sehen kann. Das Häkchen wird genauso wie die Öse angenäht. Und das geht so:

Das Häkchen und auch die Öse haben am unteren Ende zwei kleine Schlaufen zum Annähen.

Zum Festnähen findest du einen Tipp auf der linken Seite beim Druckknopf.

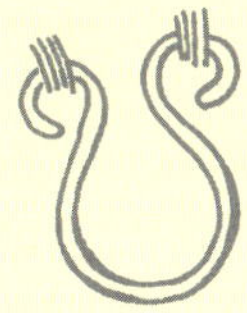

Schneide dir einen Nähfaden etwa so lang wie diese Buchseite ab. Fädle den Faden durch das Nadelöhr. Mache einen Knoten. Nähe zuerst die Öse an.

Damit du den hässlichen Knoten nicht auf der Oberseite deiner Näharbeit hast, stich von der Innenseite zur Außenseite durch die erste kleine Schlaufe der Öse hindurch. Stich gleich neben der Schlaufe wieder in den Stoff ein, dann wieder zurück von innen nach außen, durch die Schlaufe des Häkchens – und immer so weiter.
Wenn du dreimal über die Drahtschlaufe genäht hast, ist es genug. Jetzt wiederholst du das Ganze bei der anderen Schlaufe. Dein Faden ist lang genug für beide Schlaufen.
Die Öse sitzt nun fest, und du nähst auf der anderen Seite das Häkchen genauso an. Überprüfe vor dem Nähen, ob beide Teile genau richtig zueinander passen, damit sich später nichts verzieht!

Manchmal wackelt das Häkchen hin und her, aber wenn du es dann an der Stelle kurz vor dem Häkchen am Stoff annähst, sitzt es ohne Wackeln ganz fest.

Ein bisschen hässlich sehen die Stiche vom Annähen auf der Oberseite aus, aber da kann man wundervoll mogeln, indem man einfach einen besonders schönen Knopf über die Stiche näht, so wie bei diesem Jäckchen.

Taschen und Täschchen

Die Umhängetasche

Die einfachste unter den Taschen in diesem Buch gelingt dir garantiert, auch wenn du noch nie genäht hast. Suche dir einen fröhlich gemusterten Stoff dafür aus!

Das brauchst du

- 60 × 50 cm festen Stoff
- Bleistift
- Nähgarn in der Farbe des Stoffes
- 4 Knöpfe, wenn du welche hast. (Ich habe Vogelknöpfe verwendet.)
- Stecknadeln
- 1 Sicherheitsnadel
- Lineal

So nähst du

Steppstich	Seite 11
Überwendlingstich	Seite 11
Vorstich	Seite 9
Faden vernähen	Seite 15
Knopf annähen	Seite 15

Und jetzt geht's los

Schneide den Stoff zu.

Schau dir zuerst einmal die Zeichnung an, damit du es ganz einfach hast.

Du nähst die ganz einfache Umhängetasche aus einem einzigen Stoffstück. Nimm dieses Buch und lege es auf den Stoff – nicht mitten drauf, sondern an eine Ecke an. Fahre mit dem Bleistift außen herum. Klappe das Buch um, so wie es die Zeichnung auf Seite 18 zeigt, und zeichne noch ein zweites Mal um das Buch herum. Schon hast du markiert, wo du schneiden musst.
Schneide an der Bleistiftlinie entlang.
Dein Lappen ist jetzt ungefähr 52 × 21 cm groß. Den restlichen Stoff legst du erst einmal zur Seite. Ihn brauchst du erst später, wenn du die Schulterriemen für die Tasche zuschneidest.

Du nähst diese Tasche auf der Innenseite mit dem **Steppstich**.
Klappe den Stoff zusammen, von oben nach unten. Jetzt ist das Stoffstück genauso groß wie das Buch und hat schon die Form deiner Tasche.
Die beiden »schönen Seiten« liegen aufeinander.

TIPP

Ich schreibe immer wieder von einer »schönen Seite«: Wenn du deinen Stoff anschaust, siehst du, dass die eine Seite schöner ist als die andere. Und diese schönere Seite soll natürlich außen zu sehen sein, deshalb schreibe ich dir auf, wie du den Stoff legen sollst. Nur beim Filz ist es egal, welche Seite du nimmst. Er sieht auf beiden Seiten schön aus!

Schneide dir einen Faden ungefähr so lang ab, wie dieses Buch hoch ist. Fädle ihn mit dem einen Ende durch das Nadelöhr und mache am anderen Ende einen Knoten.
Nähe an den beiden langen Seiten. Beginne unten am Knick und nähe bis nach oben zum Rand – erst die eine Seite und dann die andere.
Fäden vernähen nicht vergessen! Wende deine Tasche von innen nach außen, damit die Naht innen und die »schöne Seite« außen liegt.
Den »Taschenbauch« hast du nun fertig genäht.

Wenn du deine Tasche besonders schön machen möchtest, dann knicke den Stoff oben am Taschenrand ungefähr 1 cm nach innen , stecke ihn mit Stecknadeln fest – dann saust er dir nicht davon – und nähe die Kante mit dem **Überwendlingstich** um.

Wenn du diesen kleinen Saum nähst, sieht deine Tasche auch oben am Rand besonders hübsch und »sauber« aus, weil der Stoff nicht ausfransen kann.

Schulterriemen

Jetzt nähst du die Schulterriemen. Schneide von dem restlichen Stoff zwei gerade Streifen ab, die 60 cm lang und 10 cm breit sind. Wie du das schaffst, habe ich dir bei den Henkeln der feinen Tasche auf Seite 26 beschrieben.

TIPP

Bei vielen Baumwollstoffen funktioniert ein einfacher Trick, um ganz gerade Streifen zu bekommen: Schneide den Rand des Stoffs an einer Seite ein klein wenig ein. Dann kannst du den Stoff an dieser Stelle einfach auseinander reißen, und die Kante wird kerzengerade.

Du hast nun zwei Streifen, die beide 60 cm lang und 10 cm breit sind.
Knicke einen Streifen der Länge nach in der Mitte – also von der Kante 5 cm abmessen und dort knicken – und nähe ihn an der langen Seite mit dem **Vorstich** zu.
Fertig genäht: Du hast einen langen Schlauch mit einer hässlichen Naht.
Nein, keine Sorge: Sie ist nicht deshalb hässlich, weil du nicht schön genäht hast. So eine Naht sieht einfach nie besonders hübsch aus. Deshalb wende das Innere nach außen. Dafür gibt es einen Trick. Spieße den Anfang deines »Schlauches« mit der Sicherheitsnadel auf. Fahre in den Schlauch hinein und hindurch ... und hindurch und hindurch, bis du am anderen Ende mit der Sicherheitsnadel wieder herauskommst. Ziehe so lange an dem Schlauchende, bis der ganze Stoffschlauch gewendet ist. Das Ganze ist etwas zerknittert, aber ohne die hässliche Naht.
So, den einen Schulterriemen hast du schon, mache den zweiten ganz genauso.

Annähen der Schulterriemen

Vielleicht bist du ja schon groß genug und kannst bügeln. Wenn nicht, findest du bestimmt jemanden, der dir hilft, die beiden Schulterriemen glatt zu bügeln.
Knicke den Anfang und das Ende der Schulterriemen ungefähr 2 cm nach innen, in den Schlauch hinein. Nun nähst du sie an die Tasche. Schau dir die Zeichnung an, dann hast du es ganz einfach.

Miss von der linken Seite der Tasche 2 cm zur Mitte der Tasche und stecke an diese Stelle eine Stecknadel. Miss vom oberen Taschenrand 3 cm nach unten. Stecke an dieser Stelle den Schulterriemen mit der Stecknadel fest.
Auf der anderen Seite geht's genauso: Miss von der rechten Seite der Tasche 2 cm zur Mitte der Tasche und stecke an diese Stelle eine Stecknadel. Miss vom oberen Taschenrand 3 cm nach unten. Stecke an dieser Stelle die andere Seite des Schulterriemens mit der Stecknadel fest. Drehe die Tasche um und stecke den zweiten Schulterriemen genauso fest.
Du kannst die Schulterriemen mit **Knöpfen** festnähen. Wenn du keine Knöpfe hast, nähst du die Riemen ganz einfach mit **Steppstichen** fest.
Toll! Jetzt bist du fertig und sicher ganz stolz auf dein Werk.

Das rosa Gürteltäschchen

Dieses kleine Täschchen ist gerade groß genug für einen Fahrradschlüssel, ein Taschentuch, ein Päckchen Kaugummi, ein paar Gummibärchen oder ein bisschen Kleingeld.

Das brauchst du

- Seidenpapier oder Schnittpapier oder Butterbrotpapier für das Schnittmuster
- Bleistift, um das Muster abzupausen und den Gürtel gerade zuzuschneiden
- Lineal
- 1 Stück Stoff, ungefähr 25 × 65 cm groß
- viele Knöpfe
- 2 Druckknöpfe (silberfarben, wenn dein Stoff hell ist, oder schwarz, wenn er dunkel ist)
- Stecknadeln
- Nähgarn, passend zu deinem Stoff
- Nähnadel

Du kannst das Täschchen ganz nach deiner Fantasie gestalten. Vielleicht gefällt dir das auf dem Foto aber so gut, dass du es genau so nähen möchtest.

Das brauchst du für das Täschchen auf dem Foto

- 25 × 65 cm rosa Polarfleece
- 15 eckige rosa Perlmuttknöpfe
- 16 eckige weiße Perlmuttknöpfe
- 1 Schmetterlingsknopf
- 2 silberfarbene Druckknöpfe (15 mm Durchmesser)
- Stecknadeln
- rosa Nähgarn
- Nähnadel

So nähst du

Steppstich	Seite 11
Vorstich	Seite 9
Knöpfe annähen	Seite 15
Druckknopf annähen	Seite 16
Fäden vernähen	Seite 15

Und jetzt geht's los

Pause zuerst den Schnitt auf Seite 22 ab. Schneide das Schnittmuster aus.
Stecke das Schnittmuster mit Stecknadeln auf deinem Stoff fest.

Schneide den Stoff um das Schnittmuster herum aus. Damit hast du die kleine Tasche ausgeschnitten. Lege sie zuerst einmal zur Seite und schneide den Gürtel zu. Ich weiß natürlich nicht, was für eine Taillenweite du hast, deshalb kann ich dir auch nicht ganz genau sagen, wie lange dein Gürtel sein muss. Aber du kennst deine Taillenweite ja sicher ganz genau. Dein Gürtel muss **4 cm länger** als deine Taillenweite sein. Das ist ganz wichtig, denn diese jeweils zwei Extra-Zentimeter am Anfang und am Ende deines Gürtels brauchst du, um den Druckknopf darauf festzunähen.
Wenn du die kleine Tasche nicht in der Taille tragen willst, sondern auf den Hüften, dann musst du natürlich die Hüftlänge abmessen. (Dann brauchst du sicher auch etwas mehr Stoff!)

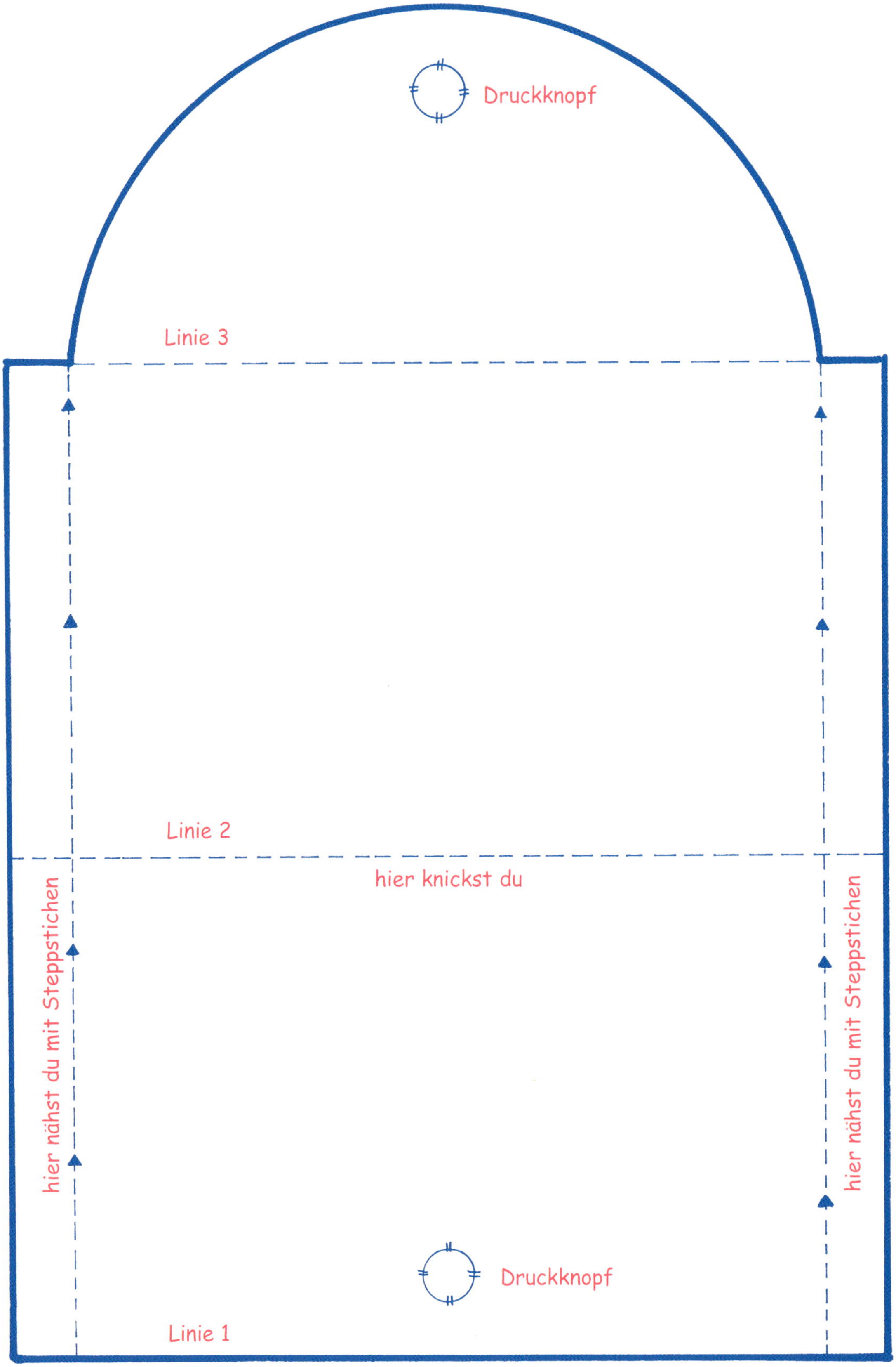
Druckknopf
Linie 3
Linie 2
hier knickst du
hier nähst du mit Steppstichen
hier nähst du mit Steppstichen
Druckknopf
Linie 1

Nach all der »Messerei« schneidest du nun deinen Gürtel zu. Lege das lange gerade Stück deines Stoffes (es ist 65 cm lang) glatt vor dich auf den Tisch.
Aber wie machst du es, dass der Gürtel ganz gerade wird? Nichts einfacher als das: Miss von der geraden Seite deines Stoffes mit dem Lineal 4 cm ab, mache einen kleinen Bleistiftpunkt, miss ein Stückchen weiter von diesem Punkt wieder 4 cm ab, wieder ein Bleistiftpunkt und wieder, und wieder, und wieder, bis ans Ende deines Stoffstreifens. So, jetzt kannst du von Pünktchen zu Pünktchen schneiden, und dein Gürtel wird ganz gerade.

TIPP

Manchmal ist der Stoff an einer Seite nicht völlig gerade, dann machst du das Ganze zweimal! Erst markierst du eine Linie mit Pünktchen, dann misst du von dieser Linie 4 cm zur Seite und zeichnest wieder Pünktchen. Damit wird dein Streifen ganz bestimmt gerade.

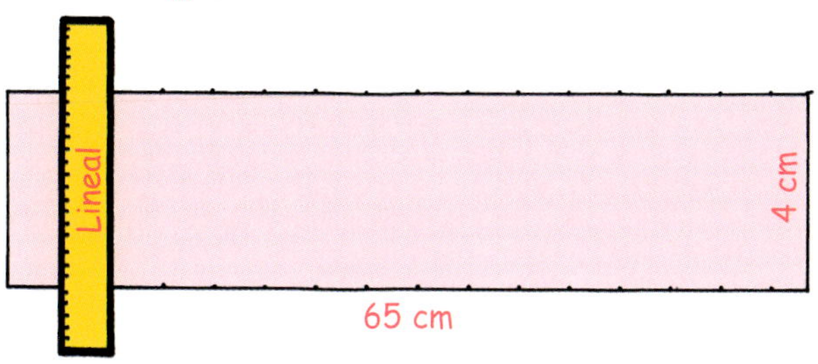

Tasche nähen

Das Täschchen und der Gürtel sind zugeschnitten. Nähe zuerst die kleine Tasche. Ich habe in den Schnitt auf der linken Seite 3 Linien und am Rand kleine Pfeile eingezeichnet, damit du genau weißt, wie und wo du den Stoff umklappen und nähen musst. Du nähst das Täschchen auf der Innenseite, deshalb schaut die »schöne Seite« dich an und du faltest den Stoff nach oben.
Klappe die Linie 1 zur Linie 3. Bei der Linie 2 ist der Knick.
Schneide einen Faden ab, der ungefähr so lang ist wie diese Buchseite.
Fädle ihn mit dem einen Ende durch das Nadelöhr und mach am anderen Ende einen Knoten.
Nähe die beiden Seiten mit dem **Steppstich** zu.
Wenn du die kleine Tasche an beiden Seiten zugenäht und gewendet hast, nähst du vorne in der Mitte an die kleine Klappe (klar: auf der Innenseite) das eine Teil des **Druckknopfes** an.

Die Gegenseite des Druckknopfes nähst du vorne auf die Außenseite des Täschchens. Damit sie genau da sitzt, wo sie hingehört, falte die »Klappe« nach unten. Dort wo die Oberseite des Druckknopfes aufliegt, steckst du eine Stecknadel in den Stoff. Jetzt kannst du die Unterseite des Druckknopfes annähen, und er trifft genau auf die Oberseite. Das ist auch sehr wichtig, du willst ja nicht, dass dein Täschchen krumm und schief aussieht.

Schiebe ein Stück Papier in dein Täschchen hinein, dann nähst du nur den Druckknopf fest und nicht auch noch die Rückseite der kleinen Tasche!

So, jetzt kannst du dein Täschchen schon schließen. Um es noch schöner zu machen, nähe einen hübschen Knopf (Seite 15) auf die Taschenklappe, um die Stiche des Druckknopfs zu verdecken.

Gürtel nähen

Weiter geht es mit dem Gürtel. Nähe an den beiden Enden des Gürtels den Druckknopf an.
Wie bei der Taschenklappe musst du auch hier aufpassen, dass beide Teile richtig aufeinander treffen!
Jetzt nähst du das Täschchen am Gürtel fest.
Lege die Mitte des Täschchens auf die Mitte des Gürtels.

TIPP

So findest du die Mitte von Gürtel und Täschchen: Falte zuerst den Gürtel so, dass die Enden aufeinander liegen und schon hast du die Mitte. Stecke an diese Stelle eine Stecknadel in den Gürtel. Falte das Täschchen so, dass die beiden seitlichen Kanten aufeinander liegen. Du weißt natürlich schon, dass der Knick die Mitte ist. Stecke auch hier eine Stecknadel in den Stoff.

Die Linie 3 des Täschchens soll oben am Gürtelrand anliegen, die beiden Stecknadeln sollen aufeinander liegen. Nähe das Täschchen mit **Vorstichen** fest. Du musst dazu die kleine Klappe hochklappen und auf der Innenseite nähen.

Schon ist das einfache Gürteltäschchen fertig. Aber vielleicht möchtest du es ja noch etwas hübscher und origineller gestalten? Gefällt dir das hier auf dem Foto besonders gut? Ich habe viele Knöpfe auf den Gürtel aufgenäht.
Ich habe sie alle mit einem einzigen Faden und im **Vorstich** aufgenäht. Hier ist es fast schon ein **Einreihstich**, weil die Knöpfe so weit auseinander liegen. Stich immer von unten durch ein Loch des Knopfes nach oben, durch das zweite Loch wieder nach unten, unten am Gürtel ein Stück weiter, beim nächsten Knopf wieder im ersten Loch nach oben, im zweiten Loch nach unten und immer so weiter bis hin zum Täschchen.

Wenn der Faden zu kurz wird, musst du den **Faden vernähen** und abschneiden. Fädle einen neuen Faden in das Nadelöhr ein, verknote das Ende, und wie am Anfang des Gürtels nähst du Knopf um Knopf bis zum Ende des Gürtels an (natürlich nicht dort, wo das Täschchen sitzt!).
Vielleicht gibt es bei dir zu Hause eine Knopfschachtel, aus der du dir ganz viele verschiedene Knöpfe aussuchen kannst. Schön sehen auch Perlen, Pailletten oder kleine Aufnähblumen aus.

Ist es nicht wunderschön geworden, dein Täschchen? Und niemand auf der ganzen Welt hat das gleiche!

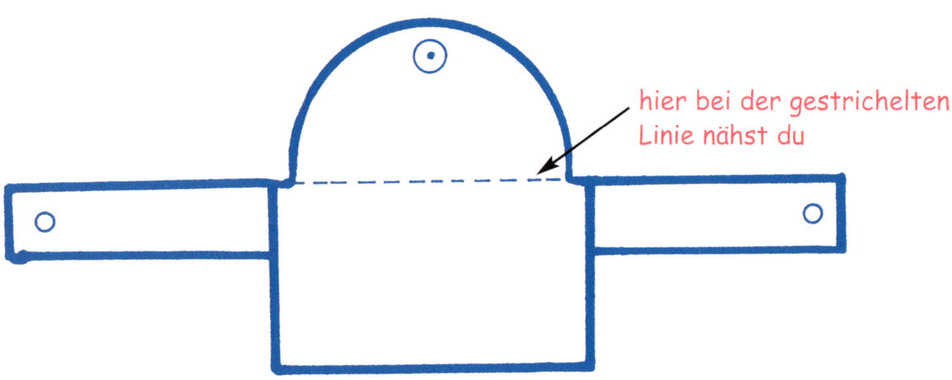

Die Tasche mit Satinband

Die elegante Tasche auf dem Foto ist aus drei verschiedenfarbigen Filzstoffen genäht: eine Seite hellgrün, eine Seite pinkfarben und die Taschenhenkel dunkelgrün mit pinkem Satinband. Du siehst die pinkfarbene Seite der Tasche auf dem Buchcover.

Das brauchst du

- 25 × 30 cm hellgrünen Filz
- 25 × 30 cm pinkfarbenen Filz
- ungefähr 15 × 30 cm dunkelgrünen Filz für die Henkel
- Bleistift
- je 1 Strang hellgrünen und pinkfarbenen Sticktwist zum Zusammennähen der Tasche
- 1,50 m pinkfarbenes Satinband
- pinkfarbenes Nähgarn zum Annähen des Satinbandes
- Sticknadel mit Spitze
- Lineal
- 6 Knöpfe
- Nähnadel zum Annähen der Knöpfe
- Stecknadeln

So nähst du

Vorstich	Seite 9
Knöpfe annähen	Seite 15
Fäden vernähen	Seite 15

Und jetzt geht's los

Zuerst schneidest du den Filz zu. Lege dein Buch auf den hellgrünen Filz. Zeichne mit dem Bleistift um das Buch herum. Schneide den Filz entlang der Bleistiftlinie aus. So werden deine Taschenseiten kerzengerade!
Die zweite Seite aus pinkfarbenem Filz schneidest du ganz genauso zu.

Tasche nähen

Du nähst die Tasche auf der Außenseite mit dem **Vorstich** (Seite 9) an **drei** Seiten: an den beiden langen Seiten und unten an der schmalen Seite. Du nähst zweimal um die Tasche herum: einmal mit dem pinkfarbenen und einmal mit dem hellgrünen Garn. Besonders schön sieht es aus, wenn jeder Stich so lang ist wie die Lücke zwischen zwei Stichen.

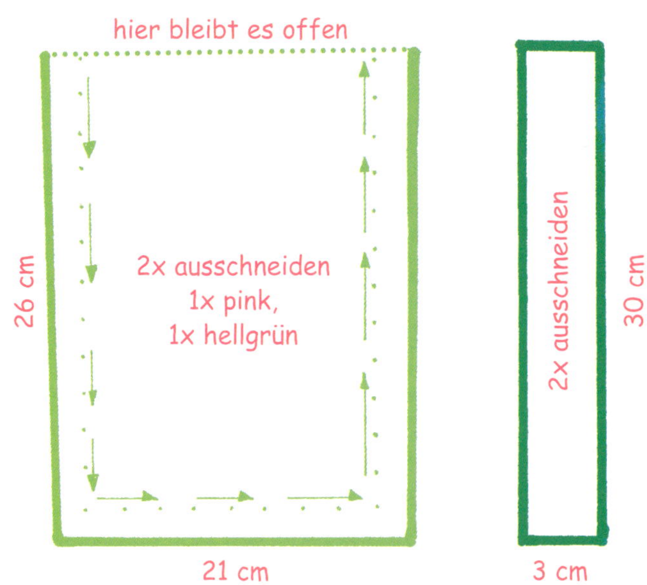

TIPP

Mache dir mit dem Lineal immer nach 5 mm einen kleinen Punkt. So weißt du ganz genau, wo du mit der Nadel einstichst und wo du wieder herauskommst. Deine Stiche werden dann ganz bestimmt gleichmäßig groß und die Lücken dazwischen auch.

So wird deine Naht besonders schön: Beginne mit dem pinkfarbenen Garn oben an der Taschenseite. Schneide einen Faden ab, der etwa so lang ist wie dein Buch hoch. Fädle den Faden in die Sticknadel ein und mache am Ende einen Knoten. Damit man den Knoten nicht auf der »schönen Seite« sieht, stich von der Innenseite nach außen.

Es ist ganz wichtig, dass du ganz nah an der oberen Kante anfängst zu nähen, sodass der Stoff schon am Anfang fest zusammenhält.

Nähe einen pinkfarbenen Vorstich, danach eine Lücke, wieder einen Vorstich und so weiter. In die Lücke nähst du später einen Stich mit grünem Garn.

Wenn du schon ganz viele Stiche gemacht hast, geht dein Faden zu Ende, und du brauchst einen neuen. Zuerst musst du den zu kurz gewordenen **Faden vernähen**. Sonst geht deine Naht wieder auf. Damit man den vernähten Faden nicht auf der Rückseite der Tasche sieht, stichst du zwischen die beiden Filzlagen ein und vernähst den Faden im Inneren der Tasche.

Dann geht es weiter mit dem neuen Faden. Mache am Ende des Fadens einen Knoten. Stich zwischen den beiden »Filzlappen« von innen nach außen. Der Knoten ist auf der Innenseite. Stich knapp neben der Stelle, an der du herausgekommen bist, wieder ein. Danach nähst du mit Vorstichen weiter wie zuvor.

Zugegeben: Das Anfangen auf der Innenseite ist nicht so ganz einfach, aber ich bin sicher, du schaffst das.

Du hast einmal um die Tasche mit dem pinkfarbenen Garn herumgenäht. Jetzt nähst du noch einmal um die ganze Tasche mit dem grünen Garn herum. In jede Lücke zwischen zwei pinkfarbenen Stichen kommt jetzt ein grüner Stich. Natürlich nähst du nicht um die ganze Tasche herum, denn oben willst du ja sicher etwas hineintun – und dann ist es doch gut, wenn du sie oben offen lässt. Also nähe wie auf der Zeichnung an drei Seiten. Und wieder geht es rauf, runter, rauf, runter, rauf, runter.

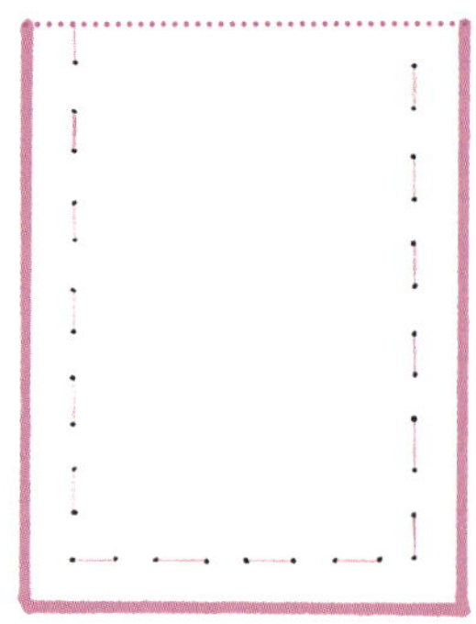

Nun hast du in beiden Farben die Seiten und den Boden deiner Tasche zugenäht. Toll sieht das aus: Auf der pinkfarbenen Seite leuchten die grünen Stiche und auf der grünen Seite die pinkfarbenen.

Henkel anbringen

Schneide aus dem dunkelgrünen Filz für jeden Henkel einen 30 cm langen und 3 cm breiten Streifen.

TIPP

Ein großes Lineal ist ungefähr 30 cm lang.

Damit der Streifen schön gerade wird, miss an der geraden Seite des Stoffes mit dem Lineal 3 cm ab. Mache mit dem Bleistift einen kleinen Punkt. Ein Stückchen weiter machst du wieder einen Punkt und so weiter bis zum Ende des Streifens. Jetzt schneide an den Punkten entlang, und schon hast du einen ganz geraden Streifen. Natürlich schneidest du zwei Henkel aus!

TIPP

Manchmal ist der Stoff nicht ganz gerade an beiden Seiten, dann machst du das Ganze einfach zweimal! Erst eine Linie mit Pünktchen und von dieser Linie miss 3 cm zur Seite und dann wieder Pünktchen. Damit wird dein Streifen bestimmt gerade.

Pünktchen, nichts als Pünktchen. Damit bist du aber jetzt fertig und nähst die Henkel an die Tasche. Auch das geht wunderbar einfach. Miss von der linken Seite der Tasche zur Mitte der Tasche 4 cm ab und mache einen Bleistiftpunkt. 3 cm weiter zeichnest du wieder einen Bleistiftpunkt.
Miss vom oberen Taschenrand 3 cm nach unten und mache noch einmal einen Bleistiftpunkt. Genau zwischen diese drei Bleistiftpunkte kommt die eine Seite des Henkels. Stecke ihn mit einer Stecknadel fest – erst die eine Seite, dann die andere.
Rechts geht's genauso: Miss von der rechten Seite der Tasche zur Mitte der Tasche 4 cm ab und mache einen Bleistiftpunkt. 3 cm weiter zeichnest du wieder einen Bleistiftpunkt. Miss vom oberen Taschenrand 3 cm nach unten und mache noch einmal einen Bleistiftpunkt. Genau zwischen die drei Punkte kommt der Henkel.
Drehe deine Tasche um und nähe die Henkel auf der Rückseite genauso an:

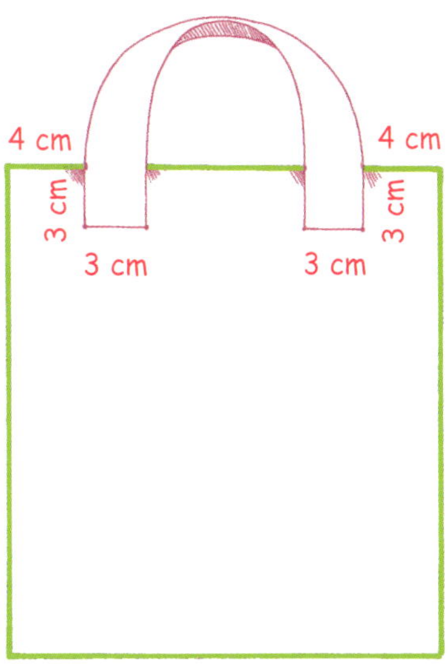

Verzierung

Deine Tasche ist fertig – na ja, noch nicht so richtig. Die Henkel sind nur mit Stecknadeln festgesteckt und sie kann auch noch viel schöner werden. Also dekorierst du die Tasche nun mit dem Satinband und den Knöpfen.
Es geht wie immer ganz einfach. Mit jeweils zwei Knöpfen wird jeder Henkel an der Tasche »festgehalten«. Ein dritter Knopf sitzt oben in der Mitte des Henkels: Er hält das Satinband fest.
Statt mit Knöpfen kannst du das Satinband natürlich auch ganz einfach nur mit einem oder zwei Stichen festnähen.

Vielleicht gibt es bei dir zu Hause einen Knopfkasten mit vielen verschiedenen Knöpfen. Es sieht lustig aus, wenn du viele unterschiedliche Knöpfe aufnähst.

Jetzt geht es los mit der »Verzierung«.
Zuerst das Satinband: Knicke das eine Ende 1 cm nach innen.
Stecke es mit einer Stecknadel ganz am Anfang des Henkels an der Vorderseite der Tasche fest.
Lege das Band über den Henkel.
Stecke das Band in der Mitte des Henkels mit einer Stecknadel fest. Weiter geht es am Henkel hinunter bis zu der Stelle, an der der Henkel festgesteckt ist. Hier steckst du auch das Satinband fest.

TIPP

Knicke den Henkel etwas zusammen: Am Knick ist ganz genau die Mitte des Henkels.

Jetzt legst du das Band gerade an der Tasche hinunter zum Boden der Tasche. Drehe die Tasche um. Auf der Rückseite der Tasche fährst du mit dem Band wieder nach oben bis zum Anfang des rückwärtigen Henkels. Stecke das Band hier fest.
Nun legst du das Band über den zweiten Henkel, steckst es in der Mitte wieder mit einer Stecknadel fest, fährst auf der Rückseite der Tasche wieder hinunter bis zum Boden der Tasche und auf der Vorderseite wieder hoch bis zum Henkel: Jetzt hast du das Band ringsherum festgesteckt.

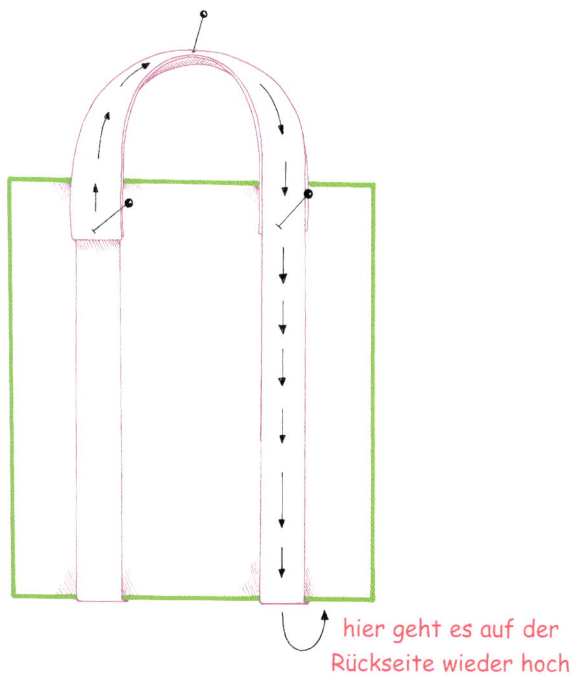

Und damit es dir nicht langweilig wird, kommt jetzt wieder ein bisschen etwas Aufregendes. Du schneidest das Band so ab, dass es ungefähr 2 cm **unter** das geknickte Band vom Anfang passt.
Stecke es mit einer Stecknadel fest.
Nach all dem Legen und Stecken nähst du jetzt wieder. Was? Die Knöpfe an!
An dem Henkel, an dem du begonnen hast, nähst du den Knopf zuallerletzt an.
Starte also auf der Rückseite deiner Tasche am Henkelende: Zieh die Stecknadel, die den Henkel festhält, heraus, aber lass die Stecknadel, die das Band festhält, noch stecken.

Fädle das Nähgarn in die Nähnadel ein und verknote das Fadenende. Nun stichst du von unten nach oben durch die Tasche, den Henkel, das Satinband und das Loch des Knopfes hindurch. Eine Menge Sachen, die du da durchstechen musst, aber es geht wirklich ganz einfach. Wenn du oben am Knopf herausgekommen bist, durchstichst du in umgekehrter Richtung Knopfloch, Satinband, Henkel und Tasche. Na bitte: Du bist wieder auf der Innenseite der Tasche angekommen. Wiederhole das Ganze noch dreimal. Jetzt musst du nur noch auf der Innenseite der Tasche den **Faden vernähen**, und der erste Knopf sitzt an seinem Platz. Ziehe die Stecknadel, die das Satinband hält, heraus.

Als Nächstes nähst du einen Knopf oben in der Mitte des Henkels an: von unten durch den Henkel, das Band, den Knopf, oben angekommen wieder zurück durch Knopf, Band und Henkel. Das Ganze wiederholst du dreimal und vernähst dann den Faden auf der Unterseite des Henkels.
Sicher weißt du schon, wie es weitergeht. Neuer Faden. Den nächsten Knopf nähst du am anderen Ende des Henkels an wie den allerersten Knopf. Fertig ist die Rückseite deiner Tasche.
Auf der Vorderseite nähst du die Knöpfe ganz genauso an.
Deine Tasche ist fertig. Ein richtiges Meisterwerk, oder?

Und hier noch eine Idee

Wenn du die Tasche ohne Satinband oder Knöpfe nähst, kannst du stattdessen eine kleine Außentasche aufnähen. Schneide einfach ein Täschchen nach dem Schnitt des kleinen rosa Gürteltäschchens zu (Seite 22) und nähe es auf die Tasche auf. Es kann aus dem gleichen Stoff sein wie die große Tasche, aber auch aus einem ganz anderen Stoff, in einer anderen Farbe, kariert, gepunktet, mit Blümchen oder gestreift. Ich bin sicher, dir fallen viele verschiedene Täschchen ein.

Die Handschuhe

Ich zeige dir hier drei Paar Handschuhe als »Appetitmacher«. Dir fallen bestimmt noch viele andere ein. Du kannst sicher sein, deine Fäustlinge sind einzigartig:

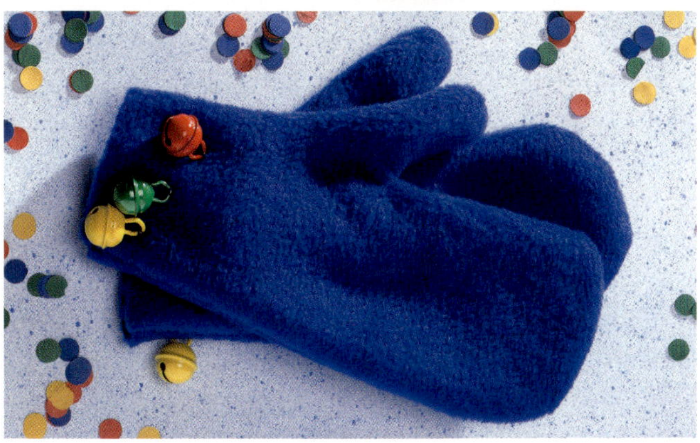

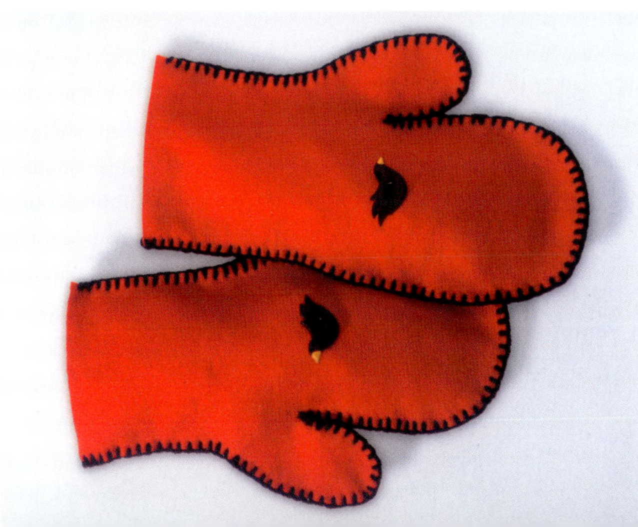

Für Handschuhe brauchst du einen warmen Stoff, denn wärmen sollen sie dich ja. Alles andere ist deiner Fantasie überlassen. Ich habe Filzstoffe und Polarfleecestoffe genommen. Bei beiden Stoffen musst du keine Säume versäubern, weil diese Stoffe nicht ausfransen.
Am einfachsten kannst du die Handschuhe mit Knöpfen verzieren. Es gibt so viele verschiedene: glitzernde, runde, eckige, runde Kugeln, kleine Blumen, Tiere ... Aber du kannst noch viele andere Dinge zum Verschönern verwenden: Spitzen, Bänder, Applikationen, Perlen, Bommeln, Glöckchen. Du kannst die Handschuhe auf der Innenseite oder auf der Außenseite nähen.

Das brauchst du für alle Handschuhe

- Schnittpapier oder Seidenpapier oder Butterbrotpapier oder ein anderes dünnes Papier, durch das du gut hindurchsiehst, damit du den Schnitt aus dem Buch herauspausen kannst.
- Bleistift zum Nachzeichnen des Schnittes
- Stoffschere zum Ausschneiden des Schnittmusters
- 4 Stoffstücke, jeweils ungefähr 25 cm lang und 20 cm breit
- Stoffschere zum Zuschneiden des Stoffs
- Stecknadeln

Damit dir deine Handschuhe perfekt passen, habe ich dir auf der nächsten Seite Schnitte in drei verschiedenen Farben aufgezeichnet. Für die kleinste Hand ist die Linie rot, für die mittlere blau und für die große grün.

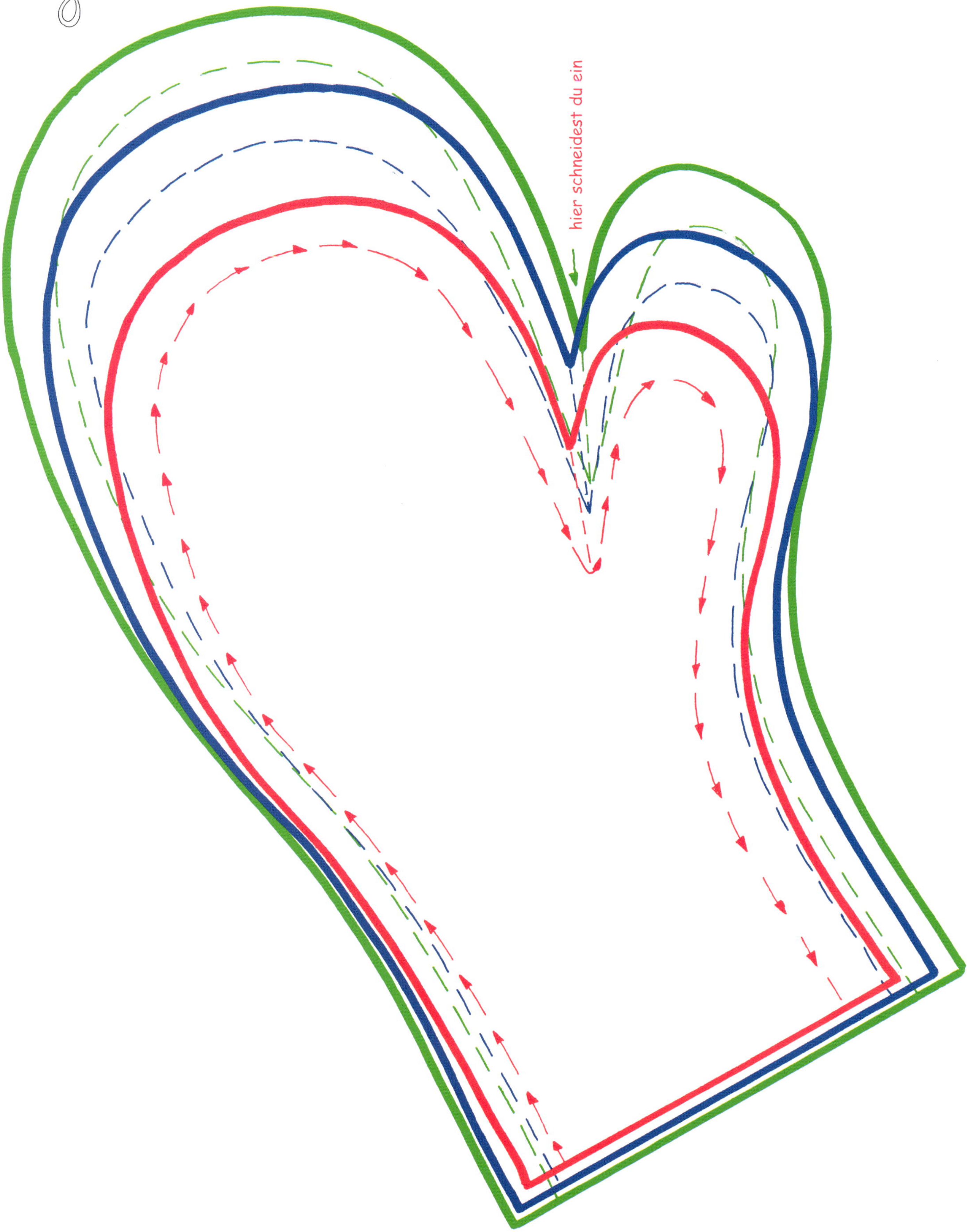
hier schneidest du ein

Und jetzt geht's los
Lege deine Hand auf die Zeichnungen der Handschuhe auf.
Na, wie groß ist deine Hand? Wie die rote, oder die blaue oder die grüne Linie? Du siehst, welcher Schnitt dir am besten passt. Lege das dünne Papier auf diese Zeichnung und pause den Schnitt ab. Dann schneidest du den Schnitt aus. So, fertig.

Schau dir einmal die Fotos auf Seite 29 an. Die roten Handschuhe sind auf der Außenseite genäht, die blauen und die rosafarbenen auf der Innenseite.

Wenn du einen gemusterten Stoff hast, ist nur eine Seite besonders schön. Beim Filz sind beide Seiten gleich schön.

Bei den Handschuhen, die du auf der Außenseite nähst, legst du die beiden Stoffstücke so aufeinander, dass die beiden »schönen Seiten« nach außen schauen. Für die Handschuhe, die du auf der Innenseite nähst – auf dem Foto sind sie blau und rosa –, legst du die »schöne Seite« auf die »schöne Seite«.
Lege dein Schnittmuster aus Papier zuerst auf zwei Stoffstücke und stecke es mit Stecknadeln fest: an der Handschuhspitze, an den beiden Seiten, am Daumen und an der Stulpe.

Beim Nähen gibt es etwas, das heißt »Nahtzugabe«. Weißt du, was das ist? Ja, du hast richtig geraten. Der Name sagt es schon: Man gibt etwas für die Naht zu. Meistens ist es 1 cm. Man kann ja nicht direkt auf der Kante nähen, also näht man einen Zentimeter weiter innen, und damit nachher das Ganze auch noch passt, gibt man eben diese »Nahtzugabe« zu. Du hast das nicht nötig! Ich habe dir diesen Zentimeter schon zugegeben. Du schneidest also direkt an der dicken Linie entlang und nähst auf der gestrichelten.

Je mehr Stecknadeln du zum Aufstecken des Papierschnitts verwendest, umso glatter liegt alles und umso einfacher kannst du zuschneiden.
Jetzt wird's richtig spannend: Du schneidest den Stoff um den Schnitt herum aus. Du kannst das Ganze in die Hand nehmen und drum herum schneiden oder du legst es auf den Tisch und schneidest dann aus – einfach so, wie es für dich am einfachsten ist.
Ziehe alle Stecknadeln heraus.
Und jetzt machst du das Ganze noch einmal mit den beiden anderen Stoffstücken für den zweiten Handschuh.

Lege deinen Schnitt zur Seite. Vielleicht willst du ja noch weitere Handschuhe nähen, dann hast du gleich einen fertigen Schnitt.

Bis hierher werden alle Handschuhe gleich gearbeitet!

Welcher Handschuh dir wohl am besten gefällt? Damit du deinen »Traumhandschuh« genauso wie auf dem Foto nacharbeiten kannst, habe ich dir bei jedem Modell genau angegeben, was du dafür brauchst.
Natürlich beschreibe ich dir auch ganz genau, wie du deine Handschuhe nähst, das ist doch klar!

Die roten Handschuhe

Bei den roten Fäustlingen ist die Naht auch gleichzeitig die Verzierung: Du nähst die beiden Teile für jeden Handschuh mit Schlingstichen von außen zusammen.

So nähst du

Schlingstich	Seite 13
Knöpfe annähen	Seite 15
Faden vernähen	Seite 15

Und jetzt geht's los

Du hast beide Handschuhe ausgeschnitten und vor dir liegen vier Teile. (Wie du zuschneidest, steht auf Seite 31.) Die »schönen Seiten« obenauf.
Lege einen Handrücken und eine Handfläche so vor dich auf den Tisch, dass beide Daumen einander anschauen. Sonst hast du, wenn du mit dem Nähen fertig bist, die berühmten »zwei linken Hände«.

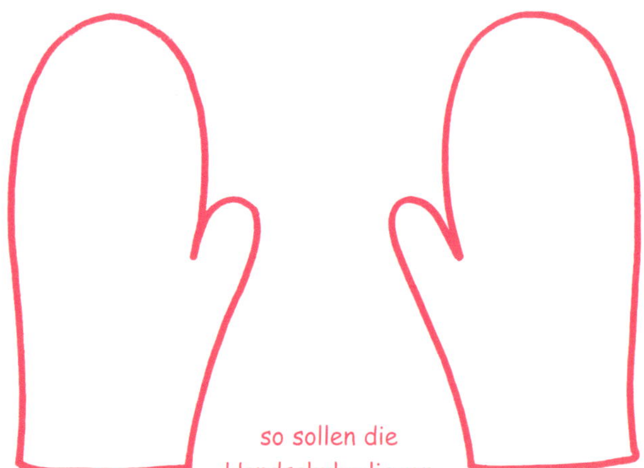

Das brauchst du

- 4 Stücke roten Filz, jeweils ungefähr 25 cm lang und 20 cm breit
- 2 Rabenknöpfe (Wenn du sie nicht bekommst, nimmst du einfach 2 andere lustige Knöpfe.)

Zum Annähen der Knöpfe

- Nähnadel
- Nähgarn

Für die Markierungspünktchen

- Lineal
  (Den Bleistift hast du schon vom Abpausen des Schnittes.)

Zum Zusammennähen der Handschuhe

- etwas schwarze Wolle, die ungefähr so dick sein soll wie dein Stoff (Ich habe 6-fädiges Regia-Garn von Schachenmayr genommen.)
- dicke, spitze Sticknadel

Damit du den **Schlingstich** schön gleichmäßig um den Handschuh herum nähen kannst, zeichnest du am Rand, dort, wo du ein- und ausstechen wirst, kleine Pünktchen. Das machst du so:

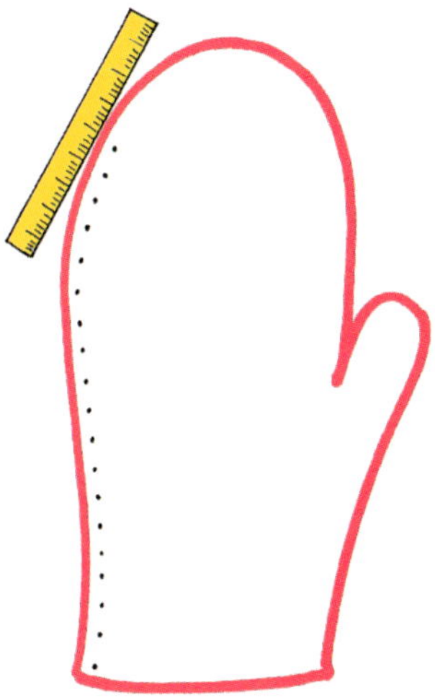

Lege ein Handschuhteil vor dich hin. Lege das Lineal an der Kante des Handschuhes entlang: Mache immer nach 5 mm ein Bleistiftpünktchen auf den Stoff. Bei den Rundungen drehst du das Lineal ein bisschen. Mache lauter kleine Pünktchen um den ganzen Handschuh herum.

Knöpfe annähen

Es genügt, wenn du diese Pünktchen auf der Handrücken-Seite machst. Durch die Unterseite stichst du ja ganz automatisch mit!
Wenn du alle Pünktchen aufgezeichnet hast, nähst du zum ersten Mal!
Nein, nicht die Handschuhe zusammen: Du nähst zuerst die **Knöpfe** auf den beiden Oberseiten, also den Handrücken, an.
Warum zuerst die Knöpfe?
Weil dein Handschuh jetzt noch ein glattes Stück ist und du viel besser nähen kannst, als wenn der Handschuh schon zusammengenäht wäre. Dann musst du nämlich schrecklich aufpassen, dass du nicht die Handfläche mit annähst, und außerdem musst du, ohne viel zu sehen, im »Dunkeln« nach der richtigen Einstichstelle suchen.

Wo soll denn nun der Knopf hin? Natürlich auf die Mitte des Handrückens. Aber wo genau ist die Mitte? Du findest es ganz einfach heraus, indem du den »Handschuhlappen« auf der Innenseite nach unten klappst, so wie du eine Faust machst, bis der Knick beim Daumen ist.

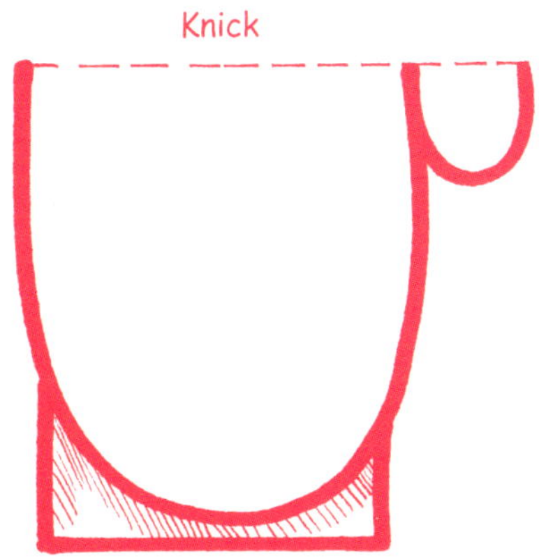

Klappe den Handschuh noch einmal von der Außenseite nach innen zum Daumen hin, und schon hast du die Mitte. Stecke hier eine Stecknadel ein.

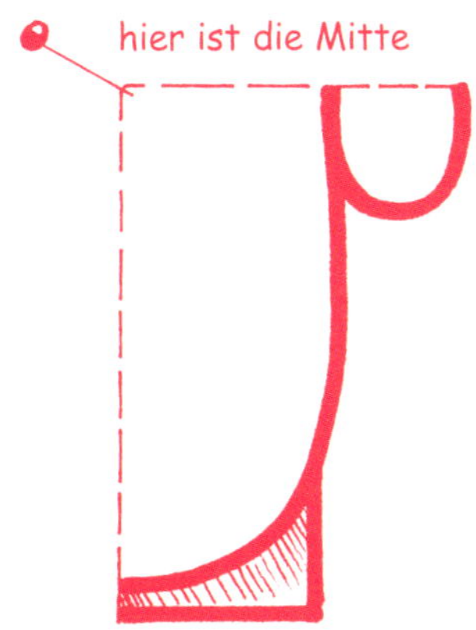

Jetzt kennst du ganz genau die Stelle, an der du den Knopf annähen musst.
Fädle den Nähfaden durch das Öhr der Nähnadel, verknote das Fadenende, und los geht's.
Geschafft. Die Knöpfe sind angenäht.

Handschuhe nähen

Jetzt nähst du die Handschuhe mit dem **Schlingstich** zusammen. Schau dir noch einmal das Schnittmuster im Buch an. Ich habe dir kleine Pfeile eingezeichnet, damit du weißt, von wo nach wo du nähst.

Schneide einen Faden ab, der ungefähr so lang ist wie dein Buch hoch. Fädle ihn in das Öhr der dicken Sticknadel ein und verknote das Ende. Beginne an der Stulpe zu nähen: Dort ist die Öffnung, durch die du später in den Handschuh hineinschlüpfst. Stich zwischen den beiden »Lappen« ein und komm mit der Nadel auf der Oberseite heraus. Dann nähst du im Schlingstich durch beide Handschuhteile rund um die Kante.

TIPP

Nach einigen Stichen hat der Faden sich verdreht und lässt sich gar nicht mehr so einfach nähen. Immer »wuzelt« er sich zusammen. Es gibt einen ganz einfachen Trick, um den Faden wieder »flott« zu bekommen: Hebe die Nadel mit dem Faden und dem Handschuh hoch. Schon fängt der Handschuh an zu tanzen und sich im Kreis zu drehen. Der Faden wird wieder glatt, und du kannst weiternähen.

Wenn du schon ganz viele Schlingstiche genäht hast, geht der Faden allmählich zu Ende. Du brauchst also einen neuen Faden, um weiterzunähen.

Zuerst musst du den alten Faden vernähen (Seite 15). Hier vernähst du den Faden zwischen den beiden »Lappen« im Inneren des Handschuhs.

Dann geht es weiter mit einem neuen Faden: einfädeln, Fadenende verknoten – das weißt du ja schon. Stich zwischen den beiden »Handschuhlappen« im Inneren des Handschuhs in den letzten Stich von innen nach außen ein. Ziehe den Faden bis zum Knoten an. Du bist nun auf der Oberseite deines Handschuhes. Stich oben durch die Schlaufe, und weiter geht es ganz normal mit dem Schlingstich. Von vorne nach hinten beim nächsten Pünktchen, durch beide »Lappen«, durch die Schlaufe und so weiter und so weiter

Einmal rundherum (aber die Öffnung zum Anziehen nicht zunähen!), und schon ist dein erster Handschuh fertig.

Den zweiten Handschuh nähst du ganz genauso.

Elegante rosa und lustige blitzeblaue Handschuhe

Diese beiden Handschuhe werden ganz gleich genäht und nur unterschiedlich verziert: Die eleganten rosafarbenen Fäustlinge haben wunderschöne Perlmuttknöpfe als Schmuck und die blitzeblauen verschiedenfarbige Glöckchen. Das sieht nicht nur lustig aus, sondern ist auch praktisch: Wenn du sie in deinen Taschen suchst, findest du sie durch ihr Klingeling sofort.

Das brauchst du für die rosa Handschuhe

- 4 rosafarbene Stücke Polarfleece, jeweils ungefähr 25 cm lang und 20 cm breit
- 2 große Perlmuttknöpfe
- 6 kleine Schmetterlingsknöpfe
- rosa Nähgarn
- Nähnadel

Das brauchst du für die blauen Handschuhe

- 4 blaue Stücke Polarfleece, jeweils ungefähr 25 cm lang und 20 cm breit
- 6 kleine Glöckchen (2 gelbe, 2 rote, 2 grüne)
- blaues Nähgarn
- Nähnadel

So nähst du

Steppstich	Seite 11
Knöpfe annähen	Seite 15
Faden vernähen	Seite 15

Und jetzt geht's los

Du hast beide Handschuhe ausgeschnitten und vor dir liegen 4 Teile. Wie du zuschneidest, steht auf Seite 31.

Genäht werden beide Handschuhpaare ganz gleich. Du nähst diese Handschuhe auf der Innenseite mit Steppstichen.
Schneide einen Faden ab, der ungefähr so lang wie diese Buchseite ist. Fädle das eine Ende in das Öhr der Nähnadel ein und verknote das andere Ende.

Lege die zwei Handschuhteile mit den schönen Seiten aufeinander und nähe mit dem Steppstich rundherum. Du fängst bei der Stulpe an, nähst die Seite, die Spitze, die zweite Seite, den Daumen und zuletzt die zweite Stulpe.
Wenn beide Handschuhe fertig genäht sind, wendest du die Innenseite nach außen. Schon ist die hässliche Naht verschwunden, und deine Handschuhe sehen wunderschön aus.

Verzierung

Sind sie dir noch nicht hübsch genug, dann kommt das Spannendste: die Verzierung. Ich bin sicher, du hast ganz viel Spaß dabei.
Wenn du eine Verzierung auf dem Handrücken annähen möchtest, dann schau bei den roten Handschuhen auf Seite 33 nach. Du nähst die Knöpfe oder Glöckchen an. Die Glöckchen werden genauso wie Knöpfe angenäht.

Deine Handschuhe sind fertig. Bist du stolz auf dein Werk?

Mütze und Baseballkappe

Die rote Mütze

Diese Mütze ist ganz besonders einfach zu nähen. Die Mütze auf dem Foto ist aus rotem Filz genäht, hat eine schwarze Kordel und ist mit schwarzen Bommeln verziert.

Welche Farbe wirst du dir wohl aussuchen? Und wie wirst du deine Mütze verzieren?
Gelbe Mütze mit orangefarbener Kordel? Statt Bommeln dicke Perlen? Grüne Mütze mit roter Kordel? Schwarze Mütze mit roter Kordel? Pink mit Lila, Türkis mit Weiß – oder, oder, oder? Was immer du dir für Farben aussuchst, hier schreibe ich dir zuerst einmal auf, was du an Material brauchst:

Das brauchst du

- 1 Stoffstück, das ungefähr 30 × 65 cm groß ist. (Ich habe für die Mütze auf dem Foto roten Filz genommen.)
- Maßband, um deinen Kopfumfang zu messen
- Bleistift
- Schere
- Stecknadeln
- Nähgarn in der Farbe deines Stoffes
- Nähnadel

Für die Kordel und die Bommeln:

- 50 g schwarze Wolle
- stumpfe Sticknadel
- Pappe

TIPP

Wenn du Filz oder Polarfleece nimmst, brauchst du die Ränder nicht zu »versäubern«.

So nähst du

Steppstich	Seite 11
Faden vernähen	Seite 15

Und jetzt geht's los

Du misst mit dem Maßband rund um deinen Kopf herum: Lege das Maßband an der Stirn an und führe es um den Kopf herum, bis du wieder vorne an der Stirn ankommst.

Na, wie viele Zentimeter sind es?
Du weißt jetzt, wie weit deine Mütze werden soll. Da diese Mütze eigentlich nur ein gerader Lappen ist, brauchst du natürlich auch einen geraden Lappen.

Damit es für dich aber auch wirklich ganz einfach ist, habe ich mir einen Trick ausgedacht, wie du diesen Schnitt ganz einfach nachmachen kannst: Deine Mütze wird genauso hoch, wie dieses Buch breit ist (etwa 21 cm).
Aber die Länge des »Mützenlappens«, der ja rund um deinen Kopf passen soll, nein, die passt ja nun gar nicht auf dieses Buch. Also habe ich mir etwas einfallen lassen.
Nimm dieses Buch und lege es auf den Stoff – nicht mitten drauf, sondern an eine Ecke an. Fahre mit dem Bleistift außen herum. Klappe das Buch um, so wie es die Zeichnung auf Seite 18 zeigt, und zeichne noch ein zweites Mal um das Buch herum. Schon hast du markiert, wo du schneiden musst.

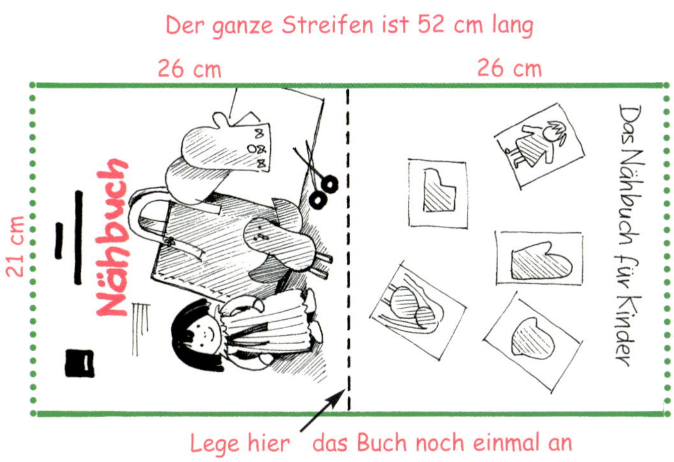

Schneide an der Bleistiftlinie entlang. Halt, nicht an allen! An der gestrichelten Linie in der Mitte schneidest du natürlich nicht, sonst ist deine Mütze zweigeteilt, und du musst zwei Nähte nähen. Schneide nur an den Linien, die ich grün gezeichnet habe. Jetzt ist dein Stoffstreifen wunderbar gerade. Halte ihn dir um den Kopf herum und stecke ihn mit einer Stecknadel zusammen.

Er muss glatt an deinem Kopf anliegen. Nimm diese »Mütze«, die noch gar keine ist, wieder ab.
Wenn hinter der Stecknadel noch sehr viel Stoff übersteht, der Stoffstreifen für dich also zu lang ist, schneide ihn einfach ab. Aber Achtung, nicht zu viel. Du weißt ja: Ein Zentimeter muss an jeder Seite für die Nahtzugabe bleiben.

Mütze nähen

So, jetzt passt aber alles richtig gut, und du beginnst zu nähen.
Falte den Stoff zusammen. Innen liegt die »schöne Seite« auf der »schönen Seite«.
Nähe deine »Fast-schon-Mütze« an der schmalen Seite mit dem **Steppstich** zusammen.
Und noch etwas ist wichtig: nämlich dass du ganz nah an der oberen Kante anfängst zu nähen, sodass der Stoff schon am Anfang fest zusammenhält, sonst hat deine Mütze einen hässlichen kleinen Schlitz!

Unten angekommen nähst du wieder ganz, ganz nah an den Rand, damit auch hier kein kleiner Schlitz offen bleibt.
Vernähe den Faden.
Stülpe den »Schlauch« nach außen. Die Naht ist nun auf der Innenseite.

Probiere deine Mütze auf. Hupps, aus deiner Mütze ist ja eine Krone geworden. So feierlich wolltest du es sicher nicht, oder?
Also machst du die Krone jetzt zur Mütze. Dazu brauchst du eine Kordel. (Wie du eine Kordel drehst, steht auf Seite 38f.) Die Naht ist am Hinterkopf und du bindest den »Schlauch« mit der Kordel ab: dreimal umwickeln, zwei Knoten, eine Schleife – und fertig!

Bommeln mit Kordeln

Du kannst die Mütze jetzt mit zwei Bommeln zusätzlich verschönern. (Wie du Bommeln machst, steht auf dieser Seite.)

Wenn's ganz schnell gehen muss, kannst du eine fertige Kordel kaufen und um die Mütze binden. Statt der Kordel kannst du aber auch ein langes Freundschaftsbändchen knüpfen, einmal um die Mütze herumlegen, verknoten, zur Schleife binden – und fertig. Bommeln brauchst du dann nicht.

So machst du eine Bommel

Die Bommeln für deine Mütze sollen ja nur klein sein, also nimm für den äußeren Ring ein Zwei-Eurostück und für den inneren Ring ein Ein-Centstück. Male zwei Kreise mit dem Zwei-Eurostück auf die Pappe und schneide sie aus. Male in die Mitte der Kreise mit dem Ein-Centstück einen kleineren Kreis und schneide die inneren Kreise aus. Das sieht so aus:

Fädle in die Sticknadel einen Wollfaden. Ungefähr doppelt so lang wie diese Buchseite. Ziehe ihn bis zur Mitte durch das Nadelöhr.

Lege die beiden Pappkreise aufeinander und umwickle sie mit dem Faden so lange bis das innere Loch ausgefüllt ist (Zeichnung 1).

Wenn dein Faden zwischendurch zu Ende ist, nimm dir einfach einen neuen und knote ihn an das Ende des alten Fadens an. Ist das Loch ausgefüllt, schneidest du die Wicklung zwischen den beiden Pappscheiben auseinander. Halte dabei die Mitte ganz fest, sonst rutschen die Fäden raus (Zeichnung 2). Nimm noch einmal einen Faden, führe ihn zwischen den beiden Pappscheiben hindurch ziehe an und verknote ihn dreimal (Zeichnung 3). Ziehe die Pappscheiben heraus und fertig ist deine Bommel.

So drehst du eine Kordel

Schneide dir von der Wolle einen ungefähr sechs Meter langen Faden ab.
Das geht ganz einfach: Du wickelst die Wolle zehnmal um die lange Seite von diesem Buch. Jetzt hast du einen ganz, ganz langen Faden. Lege den Wollfaden so zusammen, dass er in der Mitte einen Knick hat.
Wie schaffst du das am besten mit so einem langen Faden?

Lege dein Buch auf den Faden, möglichst nah an einer Wand, einer Tür oder einem Schrank. Miss von dort etwa drei Meter ab. Das ist ungefähr zweimal das ganze Maßband. Stelle einen Stuhl an diese Stelle. Lege den Faden um das Stuhlbein herum und gehe mit dem Faden zurück zum Buch, also einmal hin – Knick – und einmal her. Dein Faden ist fast genau in der Mitte gefaltet. Sicher sind die beiden Fäden noch nicht gleich lang, deshalb nimmst du jetzt die beiden Fadenenden und machst einen

Knoten. Vom Knoten aus ziehst du die beiden Fäden durch deine Finger. Du kommst beim Knick an, und jetzt sind beide Fäden gleich lang!

Dein Faden ist nun doppelt. Hänge ihn mit dem Knick an einer Türklinke ein. Stecke deinen Zeigefinger am Knoten zwischen die beiden Fäden. Spanne den Faden an und drehe, drehe, drehe ... immer in eine Richtung, bis der ganze Faden fest gedreht ist, so ungefähr tausendmal. Nein, das ist natürlich ein Scherz, der doppelte Faden muss nur ganz fest gedreht sein! Die Schlaufe an deinem Finger ist zuletzt ganz eng.

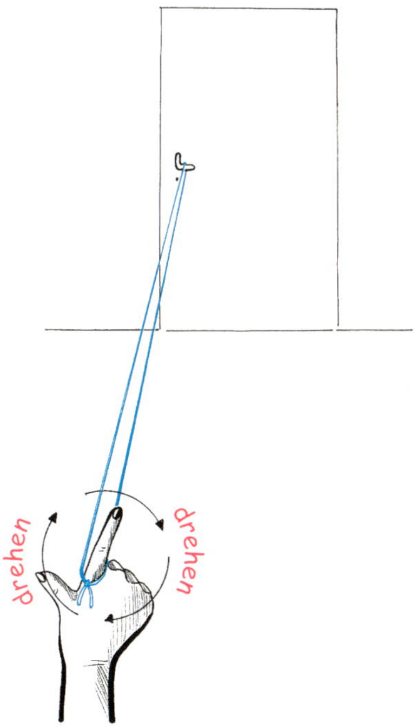

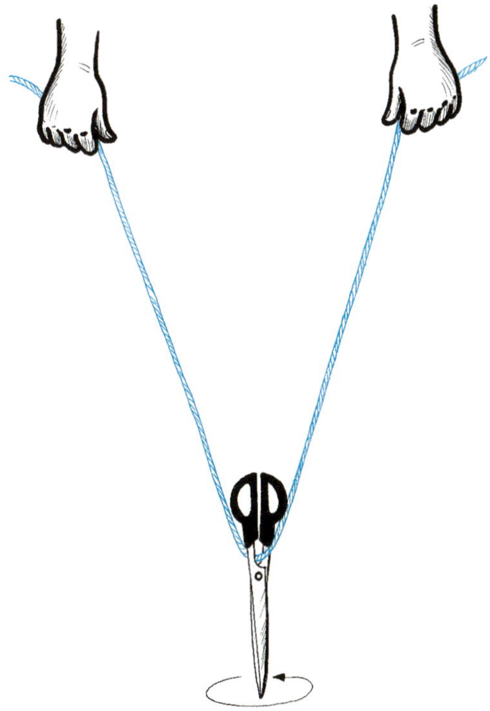

Jetzt kommt der »Kordeltrick«. Du musst in die Mitte deiner gedrehten Schnur etwas Schweres hängen, z.B. deine Schere. Dabei musst du die gedrehte Schnur straff halten, sonst verheddert sie sich.

Wenn die Schere hängt, nimmst du die Schlaufe von der Türklinke ab. Nimm Anfang und Ende deiner Schnur in die Hand. Die Schere fängt an zu tanzen, die Fäden drehen sich umeinander, und schon hast du eine Kordel!

Mach am Anfang und am Ende deiner Kordel einen Knoten, und zwar so, dass jeweils ungefähr 1 cm übersteht. Nach dem Verknoten schneidest du die beiden Enden gerade, und schon hast du eine kleine Quaste. Wenn du den Faden noch etwas spaltest, wird die Quaste noch schöner.
Jetzt ist deine Kordel ganz fertig.

Die Baseballkappe

Die Baseballkappe sieht komplizierter aus, als sie ist. Ich erkläre dir Schritt für Schritt, wie sie gemacht wird, dann kann nichts schief gehen.

Das brauchst du

- 1 Stoffstück, das ungefähr 25 × 80 cm groß ist
- dünnes Seidenpapier für das Schnittmuster
- Bleistift, um den Schnitt abzupausen
- Papierschere zum Ausschneiden des Schnittmusters
- Stoffschere zum Zuschneiden des Stoffes
- Stecknadeln

Zum Nähen für das Kopfteil

- Nadel (je nach Stoff und Garnstärke eine Sticknadel mit Spitze oder eine Nähnadel)
- Nähgarn oder Wolle in der Farbe deines Stoffes

Für das Schild

- 1 feste Plastik-Klarsichthülle
- Klebestreifen (z.B. Tesafilm)

Für die Kappe auf dem Foto habe ich Folgendes verwendet:

- 25 cm dunkelblaues Polarfleece, 90 cm breit
- buntes 6-fädiges Regia-Garn von Schachenmayr, Farbe 5269
- eine dicke, spitze Sticknadel

So nähst du

Vorstich	Seite 9
Steppstich	Seite 11
Überwendlingstich	Seite 11
Faden vernähen	Seite 15

Und hier geht's los

Lege das dünne Papier auf die Zeichnung und pause den Schnitt ab. Die dicken Linien sind die Schneidelinien und die gestrichelten sind die Nählinien. Du schneidest also den Schnitt an den dicken Linien aus, legst ihn auf den Stoff und steckst ihn mit Stecknadeln fest. Je mehr Stecknadeln du verwendest, umso glatter liegt das Ganze und umso einfacher kannst du zuschneiden.

Schneide den Stoff um den Schnitt herum aus: Dein erstes Teil ist zugeschnitten.

Zieh alle Stecknadeln heraus.

Schneide noch drei Teile genauso zu wie das erste. Sehen die vier Teile nicht wie kleine Zwergen-Zipfelmützen aus?

Lege den Schnitt zur Seite. Vielleicht willst du ja irgendwann noch einmal eine Baseballkappe nähen, dann hast du schon einen fertigen Schnitt. Am besten schreibst du »Baseballkappe« auf den Schnitt, um nicht lange suchen zu müssen, wenn du eines Tages mehrere Schnitte hast.

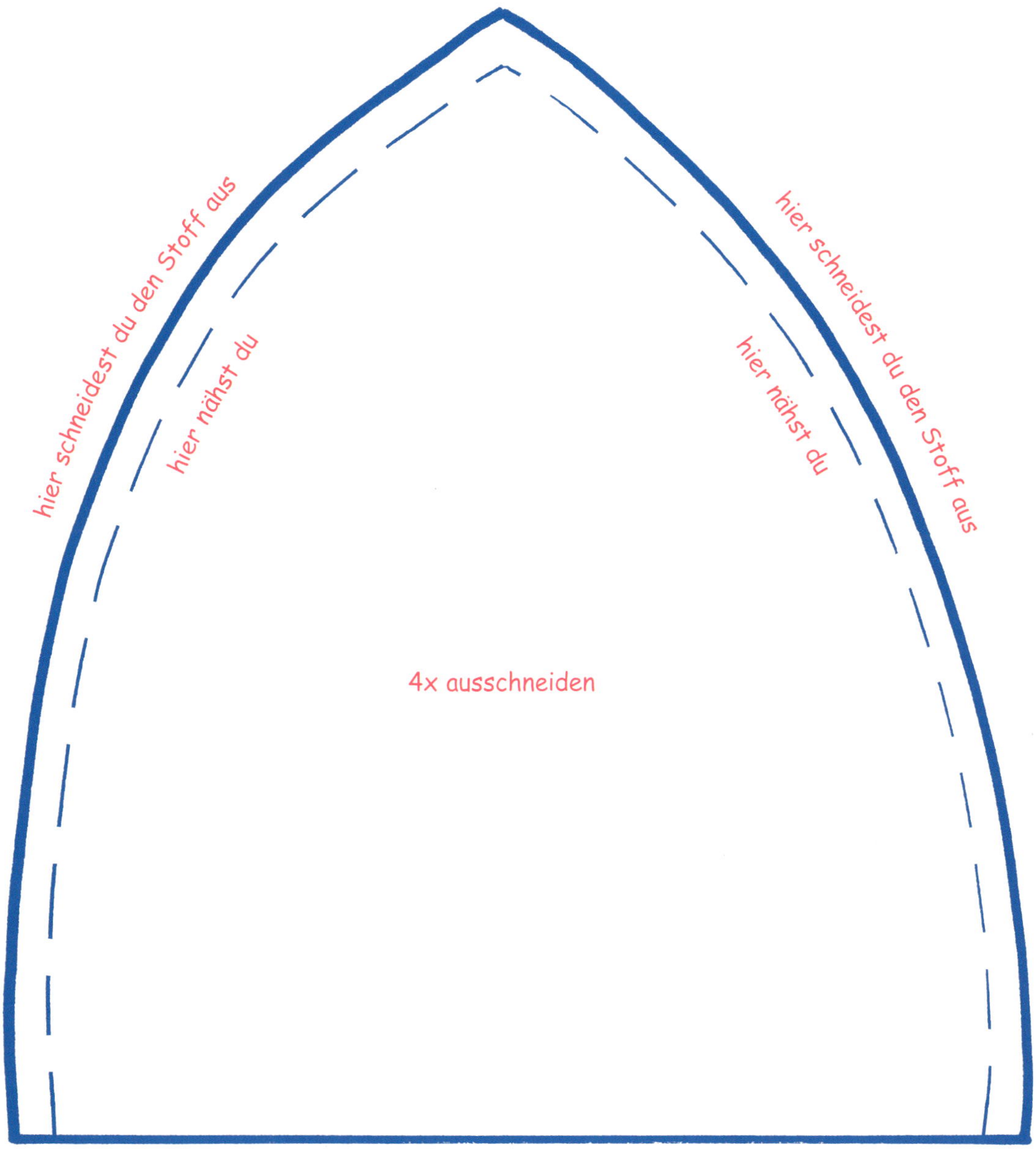

Baseballkappe nähen

Nun nähst du die vier Teile zusammen: Lege Teil 1 und Teil 2 so zusammen, dass die »schönen Seiten« außen liegen, und nähe die Teile mit dem **Vorstich** zusammen. Wenn du möchtest, dass es so wie auf dem Foto aussieht, nähst du mit bunter Wolle und einer Sticknadel. Die Naht bleibt auf der Außenseite als Verzierung sichtbar. Nähe von der breiten Seite zur Spitze hin.
Wenn die Naht zu Ende genäht ist, **vernähst du den Faden**.

Weiter geht's. So nähst du die 4 Stoffteile zusammen: Du legst Läppchen Nummer 3 so auf Läppchen Nummer 2, dass die »schönen Seiten« außen liegen, und nähst es wieder mit Vorstichen an die freie Seite von Läppchen Nummer 2 an.

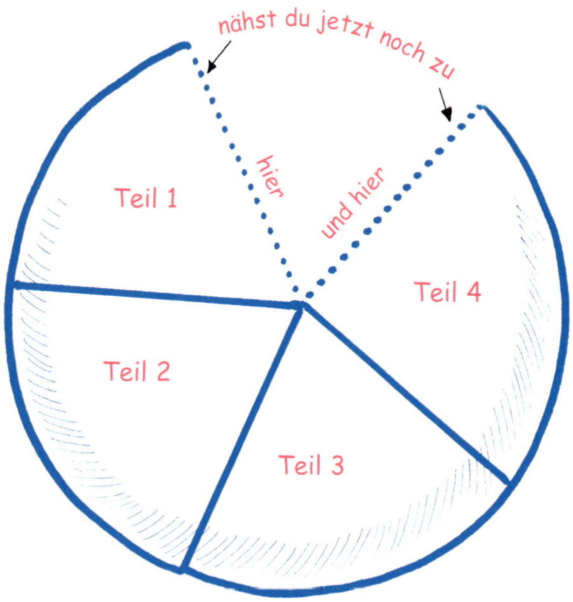

Danach nähst du das Läppchen Nummer 4 an die freie Seite von Läppchen Nummer 3 an.
Fertig? Fast! Vor dir auf dem Tisch liegt nämlich noch keine Mütze, sondern etwas, das eher aussieht wie eine Fledermaus. Deshalb nähst du nun noch die freien Seiten von Läppchen Nummer 1 und Läppchen Nummer 4 zusammen. Achtung! Alle Nähte müssen außen liegen!
Fertig ist das Kopfteil deiner Baseballkappe!

Schild annähen

Das Schnittmuster für das Schild findest du auf Seite 43.
Pause das Schnittmuster ab und schneide den Papierschnitt aus. Er sieht wie ein Halbmond aus. Falte den Stoff so zusammen, dass die »schöne Seite« auf der »schönen Seite« liegt. Stecke den Schnitt mit Stecknadeln auf dem Stoff fest. Schneide den Stoff nach dem Schnitt aus.
Das Stoffschild ist zugeschnitten und jetzt kommt die Innerei für das Schild dran.

Schneide die Plastikscheibe nach dem gleichen Schnitt aus, aber nicht genauso groß. Die Linie, die ich als gestrichelte »Nählinie« im Schnitt eingezeichnet habe, ist die Linie, nach der du das Plastikschild zuschneidest.
Klebe den Papierschnitt mit Klebestreifen auf der Plastikfolie fest. Schneide das Schild entlang der gestrichelten Linie aus.
Siehst du: Das Plastikschild ist etwas kleiner als die Stoffteile. Das hat einen ganz einfachen Grund: Den Stoff des Schildes musst du noch nähen, und dabei fällt etwas Stoff für die Naht weg. Das Plastikteil des Schildes bleibt so, wie es ist.

Wenn alles fertig zugeschnitten ist, beginnst du zu nähen. Lege die beiden Stoffteile mit der »schönen Seite« aufeinander. Schau dir die Zeichnung an. Ich habe dir die Linie, an der du jetzt nähst, mit blauen Pfeilen eingezeichnet.
Nähe mit dem Nähgarn im **Steppstich**.
Du hast das Schild an der einen Seite zugenäht. Nun steckst du es mit Stecknadeln am Kopfteil fest. Lege die »schöne Seite« des Schildes auf die »schöne Seite« des Kopfteiles. Beginne an der einen Naht und lege das Schild entlang der Kopfteilkante bis zur anderen Naht. Achtung! Du steckst nur die eine Seite des Schildes fest, **die Oberseite!**

Dann nähst du das Schild mit Steppstichen an. Schiebe nun das Plastikschild in das wabbelige Stoffschild. Das Plastikteil ist noch ein bisschen zu groß? Schneide einfach dort, wo es nicht genau in die Stoffhülle passt, ein Stückchen ab. Stecke den unteren Teil des Stoffschildes mit Stecknadeln innen am Kopfteil der Kappe fest. Passt alles?
Nähe das Schild mit **Überwendlingstichen** an der Innenseite des Kopfteiles fest. Faden vernähen. Fertig!

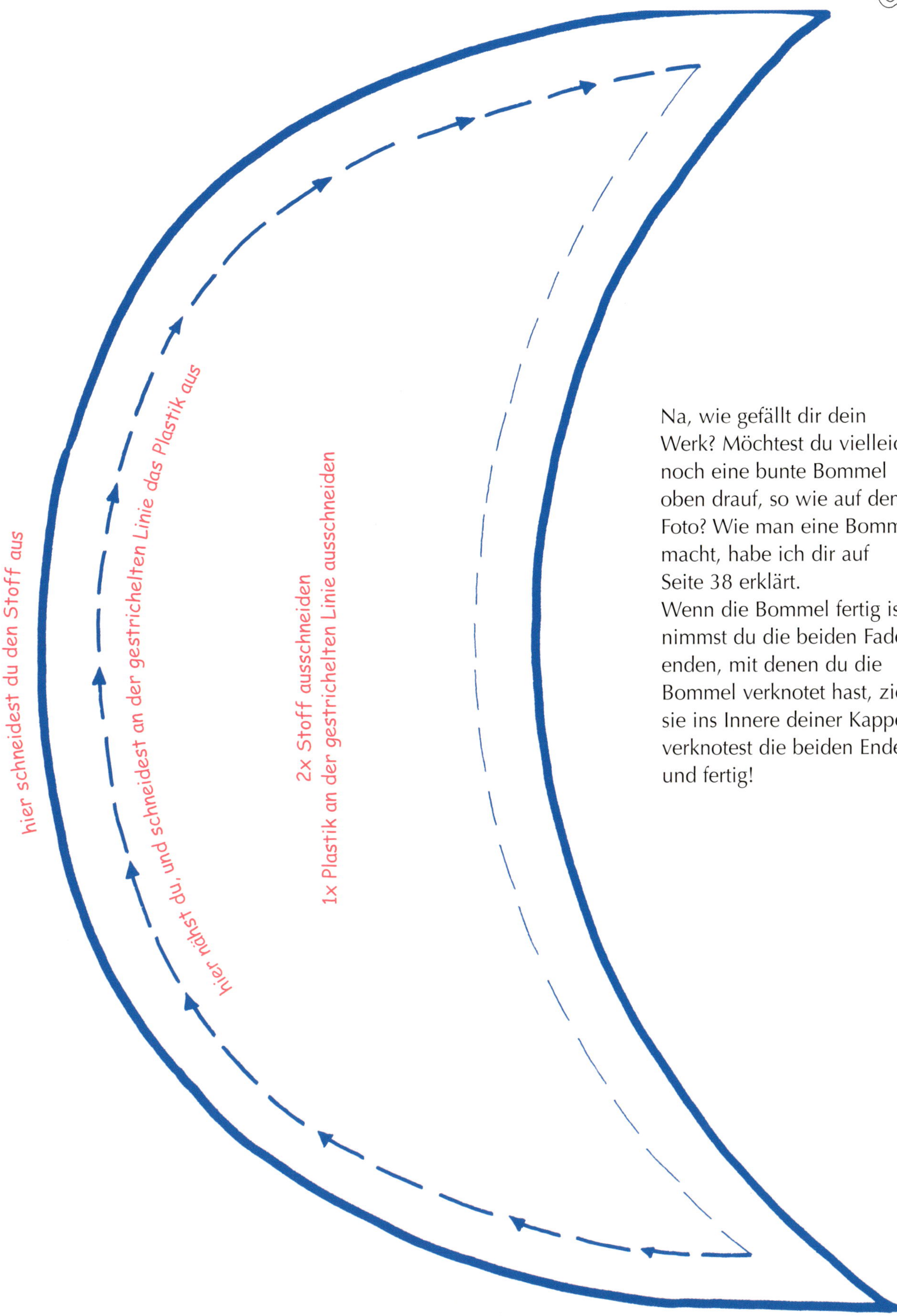

Na, wie gefällt dir dein Werk? Möchtest du vielleicht noch eine bunte Bommel oben drauf, so wie auf dem Foto? Wie man eine Bommel macht, habe ich dir auf Seite 38 erklärt.
Wenn die Bommel fertig ist, nimmst du die beiden Faden-enden, mit denen du die Bommel verknotet hast, ziehst sie ins Innere deiner Kappe, verknotest die beiden Enden, und fertig!

Allerlei lustige Gesellen

Ich stelle mir vor, du bist zu Hause. Draußen regnet es, und du langweilst dich schrecklich. Da fällt dir gerade noch rechtzeitig der große Korb mit Stoffresten ein, aus dem du dich bedienen darfst.

Hast du gewusst, dass in einem solchen Korb ganze Heerscharen lustiger Tiere wohnen, die nur darauf warten, entdeckt und ans Tageslicht geholt zu werden?
All die lustigen Gesellen hier – und sicher fallen dir noch viele andere ein – werden nach demselben Schnitt zugeschnitten, genäht und ausgestopft.

Hier am Anfang des Kapitels schreibe ich dir auf, was bei allen kleinen Wesen gleich ist.

Bei der großen, grünen **1** steht, was du alles brauchst.
Bei der großen, grünen **2** steht alles über das Zuschneiden.
Bei der großen, grünen **3**, **4** und **5** findest du alles über das Nähen.

Das heißt: Du besorgst dir die Dinge, die bei der **1** stehen, und zusätzlich noch die, die du für das von dir ausgesuchte Kerlchen brauchst.

1 *Das brauchst du*

- 1 Stoffstück, das ungefähr 25 x 25 cm groß ist. (Welchen Stoff du brauchst, steht bei den einzelnen Tieren oder Puppen.)
- dünnes Seidenpapier für das Schnittmuster
- Bleistift, um den Schnitt abzupausen
- Papierschere zum Ausschneiden des Schnittmusters
- Stoffschere zum Zuschneiden des Stoffes
- Stecknadeln
- Nähgarn in der Farbe deines Stoffes
- Nähnadel
- Füllwatte
- Kochlöffel, der dir beim Stopfen der Füllwatte hilft

2 *So schneidest du zu*

Pause zuerst die Schnitte von Seite 45 ab und schneide die Papierschnitte aus.
Lege den Stoff so zusammen, dass die »schöne Seite« auf der »schönen Seite« liegt.
Stecke die Schnittmuster mit den Stecknadeln darauf fest.
Schneide den Stoff um die Schnittmuster herum aus. Weil dein Stoff doppelt liegt, hast du alle Teile gleich zweimal. Alles ist ausgeschnitten.
Ziehe die Stecknadeln aus dem »Kopf-Bauch«-Schnittmuster heraus und stecke sie wieder in das Nadelkissen. (Stecknadeln verschwinden immer so schnell, und wenn du sie noch einmal brauchst, sind sie einfach unauffindbar.)
Alles ist vorbereitet, und du beginnst zu nähen.

3 *So nähst du*

Steppstich	Seite 11
Überwendlingstich	Seite 11
Faden vernähen	Seite 15
Knopf annähen	Seite 15

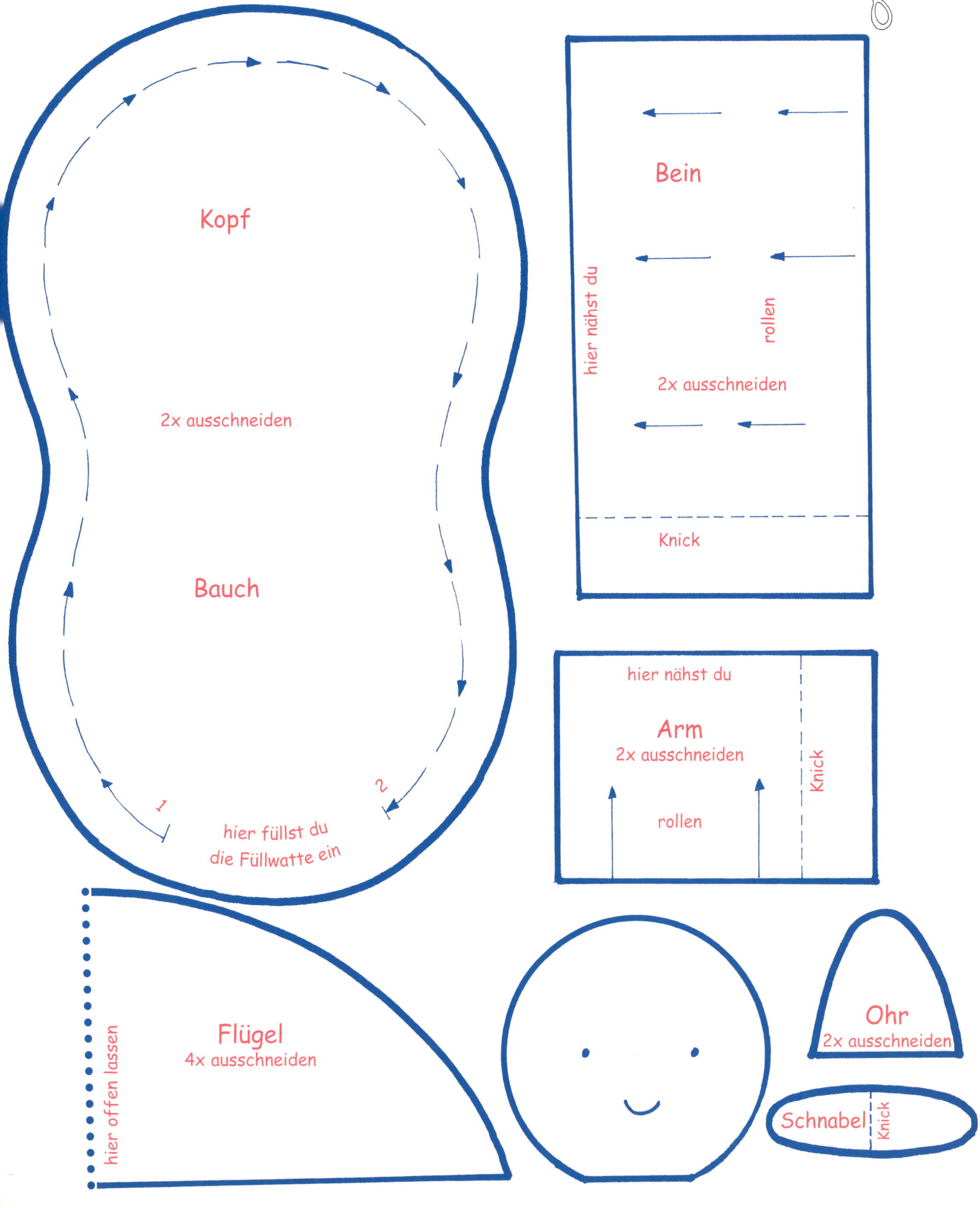
Kopf
2x ausschneiden
Bauch
1
2
hier füllst du
die Füllwatte ein
Bein
hier nähst du
rollen
2x ausschneiden
Knick
hier nähst du
Arm
2x ausschneiden
Knick
rollen
Flügel
4x ausschneiden
hier offen lassen
Ohr
2x ausschneiden
Schnabel
Knick

4 *Der Kopf-Bauch*

Du nähst zuerst mit dem **Steppstich** die beiden großen Stoffstücke des »Kopf-Bauches« zusammen, so wie sie nach dem Zuschneiden vor dir liegen: »schöne Seite« auf »schöner Seite«. Ich habe eine gestrichelte Linie in den Schnitt eingezeichnet: Da nähst du.
Du hast richtig gesehen: Unten am Körper hört die gestrichelte Linie einfach auf! Das ist kein Druckfehler!
Diese Stelle nähst du noch nicht zu, sie bleibt offen, damit du dort die Watte einfüllen kannst.
Fädle den Faden durch das Nadelöhr und mach am Ende einen Knoten.
Beginne bei der Zahl 1 zu nähen und nähe rundherum bis zur Zahl 2.
Du hast rundherum genäht und nur unten offen gelassen. Vergiss nicht, den **Faden zu vernähen**! Wende dein genähtes Stück von innen nach außen. Schon ist die Naht verschwunden, und das Körperchen ist schon zu erkennen. Falls das Wenden ein wenig schwierig ist, hilfst du mit dem Kochlöffelstiel nach.

Stopfe nun den »Kopf-Bauch« mit Füllwatte aus. Dann biegst du den Stoff an dem offenen Schlitz nach innen und nähst den Schlitz mit dem **Überwendlingstich** zu.

TIPP

Wenn du mit dem Fingernagel ein wenig an dem Knick entlangkratzt, bleibt der Stoff schön geknickt!

5 *Arme und Beine*

Auch sie sind ganz einfach zu nähen.
Ziehe die Stecknadeln aus den Schnittmustern für Arm und Bein heraus.

Rolle den Stoff mit der »schönen Seite« nach oben zu einer kleinen Wurst zusammen. Knicke ihn am unteren Ende, dort wo die Wurst aufhört, nach oben.

Ich habe ins Schnittmuster »Knick« und die Buchstaben A bis D geschrieben, damit du ganz genau weißt, wo du knickst und wo du nähst. Du nähst mit dem **Überwendlingstich**. Beim Knick biegst du die Pfote (oder Hand – natürlich ist es beim Engel immer eine Hand oder ein Fuß und kein Pfötchen!) nach oben. Beginne beim Buchstaben A zu nähen und nähe zum Buchstaben B, dann zum Buchstaben C und weiter zum Buchstaben D. Schon ist das erste Pfötchen fertig. Faden vernähen. Einfach mit der Nadel schräg durch die Pfote hindurch stechen – aua! Mache gleich weiter und nähe noch die anderen drei Pfötchen (oder Hände und Füße). Siehst du, wie in der Zeichnung.

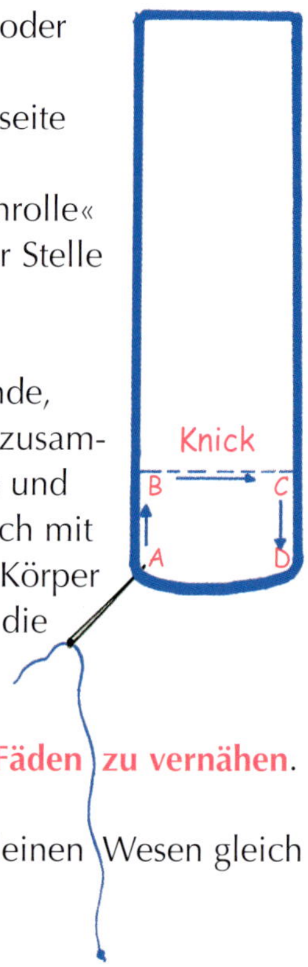

Wenn du alle Pfötchen, Hände oder Füße genäht hast, nähst du die Arme (oder Beine) an der Längsseite zusammen.
Nähe die »Armrolle« oder »Beinrolle« mit **Überwendlingstichen** an der Stelle zu, an der die Stoffkante ist.

Wenn alle Arme und Beine Hände, Füße oder Pfötchen haben und zusammengenäht sind, nähst du Arme und Beine am Körper an: ganz einfach mit **Überwendlingstichen** oben am Körper die Arme und unten am Körper die Beine. (Sicher denkst du dir: Ja, wo denn sonst?)
Vergiss nicht, zum Schluss alle **Fäden zu vernähen**.

So, bis hierher werden all die kleinen Wesen gleich gearbeitet.

TIPP

Bei den Tierchen ist das Fadenvernähen ganz einfach: Stich oben in das Bein hinein und am »Knie« wieder heraus – schon ist der Faden vernäht.

Das elegante Schweinchen

Dieses niedliche Ferkel hat sich mit einem Spitzenkragen und Spitzensöckchen richtig fein herausgeputzt.

Die Anleitung für das Schweinchen findest du auf Seite 44.
Beginne bei Nummer **1**.

Du brauchst außerdem

- 1 Stück rosa Polarfleece, das etwa 25 × 25 cm groß ist.
- 2 kleine schwarze Knöpfe für die Augen
- schwarzes Nähgarn zum Annähen der Knöpfe
- 1 rosafarbenen Knopf für die Nase (Rosa Nähgarn hast du ja schon zum Nähen des Stoffs.)

Weiter geht es mit Nummer **2**.
Schneide zusätzlich zwei Öhrchen aus.

Wenn du alle Teile zugeschnitten hast, nähst du, wie ich es dir bei den Zahlen **3** und **4** beschrieben habe.
Dann nähst du dem Schweinchen auch noch die kleinen Ohren oben am Kopf an. Wo genau? Da, wo du es schön findest, mehr in der Mitte oder mehr an der Seite. Halte die Öhrchen an den Kopf und entscheide, wo sie sitzen sollen. Dann nähst du sie mit dem **Überwendlingstich** an, erst das eine Ohr und dann das andere.

Das Gesicht

deines Schweinchens kommt als Nächstes an die Reihe. Lege die beiden schwarzen Knöpfe und den rosa Knopf wie Augen und Nase auf das Gesicht auf. Schiebe sie hin und her, bis dir das Gesicht gut gefällt. Na, hast du die Stellen gefunden? Nimm drei Stecknadeln und stich sie durch die Knopflöcher hindurch, dann kann dein schönes Gesicht nicht mehr verrutschen.
Nähe alle drei Knöpfe an. Ach, du weißt nicht mehr, wie das geht? Wo das erklärt wird, sagt dir der kleine Vogel.

Arme und Beine

nähst du anschließend an. Von »Armen« kann man bei einem Schwein ja nicht wirklich sprechen.
Wie Arme und Beine angenäht werden, steht auf Seite 46 bei der großen grünen **5**.

Verschönerung deines Schweinchens

Sicher findest du allerlei Reste bei euch zu Hause: Spitzen, Bänder, kleine Anstecknadeln oder Perlen, mit denen du dein Schweinchen herausputzen kannst.
Mein Schweinchen hat einen Spitzenkragen: einen Spitzenrest, durch den ich am oberen Rand mit dem **Einreihstich** ein dünnes Bändchen eingezogen habe. Leg dem Schweinchen die Spitze um den Hals, kräusle sie ein, mach vorne zuerst einen Knoten und binde dann eine hübsche Schleife. Die Enden des Bändchens waren bei meinem Schweinchen ein wenig zu lang, deswegen habe ich ein Stückchen abgeschnitten.
So etwas Ähnliches wie Söckchen hat mein Schweinchen auch. Ich habe sie ganz genauso wie den Kragen gemacht, aber mit einem Nähfaden eingekräuselt und nur drei Knoten und keine Schleife gebunden. Und – glücklicher Zufall! – in meiner »Wunder-Zauber-Krimskramskiste« habe ich ein kleines Vergissmeinnicht aus Stoff gefunden, das ich dem Schweinchen zwischen die Ohren gesteckt habe.

Ich bin sehr gespannt, wie dein Schweinchen aussehen wird. Vielleicht schreibst du es mir ja einmal.

Die Katze Flecki

Die Verwandtschaft zum Tiger ist unverkennbar, doch die kleine Katze versucht gar nicht erst, wild und gefährlich auszusehen.

Die Anleitung für die Katze findest du auf Seite 44. Beginne bei Nummer **1**.

Du brauchst außerdem

- 1 Stück schwarz-weißes Polarfleece, das etwa 25 × 25 cm groß ist
- 1 kleines Stück weißes Polarfleece für das Gesicht
- 2 Katzenaugen oder grüne Knöpfe
- 1 roten Knopf für die Nase
- passendes Nähgarn dazu
- 3 Rosshaare aus einem Besen
- spitze Sticknadel

Weiter geht es mit Nummer **2**.
Du hast Recht: Zusätzlich schneidest du für die Katze zwei Öhrchen und das runde Gesicht aus.

Wenn alle Teile ausgeschnitten sind, nähst du zuerst das runde Gesicht der kleinen Katze mit **Überwendlingstichen** am Kopf eines Kopf-Bauch-Teils auf. Wenn du das vor dem Zusammennähen der beiden Kopf-Bauch-Teile machst, hast du es viel einfacher, denn du musst nicht aufpassen, dass du den »Hinterkopf« mit annähst.

Anschließend nähst du ganz genauso, wie ich es dir auf den Seiten 44 und 46 bei den großen grünen Nummern **3** und **4** beschrieben habe.
Außerdem nähst du der kleinen Katze mit dem **Überwendlingstich** die kleinen Ohren oben am Kopf an, erst das eine Ohr und dann das andere.

Das Gesicht

deiner kleinen Katze arbeitest du so: Lege zuerst die beiden Katzenaugen oder grünen Knöpfe und den roten Knopf wie Augen und Nase auf das weiße runde Gesicht auf. Schiebe sie hin und her, bis dir das Gesicht gefällt. Markiere die drei Stellen mit einem kleinen Bleistiftpunkt und nähe an diesen Stellen die Augen und den »Nasenknopf« an.
Das Katzen-Gesicht ist fast fertig. Noch fehlen die Schnurrbarthaare. Fädle die Rosshaare, die du aus dem Besen »geraubt« hast, in die Sticknadel ein. Stich die Nadel beim »Nasenknopf« in den Kopf hinein, unter dem Knopf hindurch und auf der anderen Seite des »Nasenknopfes« wieder heraus.

Arme und Beine

nähst du an, wie es auf Seite 46 bei der großen grünen **5** steht.

Deine kleine Katze ist fertig. Sieht sie nicht zum Knuddeln niedlich aus?

Der glückliche Wassermann

Auf der Seite 48 siehst du, wie glücklich er lächelt, der grün karierte Wassermann mit seinen langen Haaren.

Die Anleitung für den Wassermann findest du auf Seite 44.
Beginne bei Nummer **1**.

Du brauchst außerdem

- 1 Stück grün karierten Baumwollstoff, das etwa 25 × 25 cm groß ist
- 2 dunkelblaue Knöpfe für die Augen
- blaues Nähgarn dazu
- rotes Stickgarn für den Mund
- grüne Wollreste für die Haare
- Stick- oder Nagelschere
- dicke spitze Sticknadel

Du bereitest alles vor, wie ich es auf Seite 44 bei der großen grünen Nummer **2** beschrieben habe. Anschließend nähst du, wie es bei den grünen Ziffern **3** und **4** steht.

Arme, Beine, Hände und Füße

nähst du ein bisschen anders, als ich es dir bei der großen **5** erklärt habe. Du rollst die Arme und Beine nicht, sondern legst die »schöne Seite« auf die »schöne Seite« und nähst das Bein im **Steppstich** zusammen. Nein, nicht ganz bis zum Ende, nur bis zu der Stelle an der es auf dem Schnitt heißt: Knick. Ziehe den Faden aus der Nadel und lasse ihn einfach lang herunterhängen. Wende den kleinen »Schlauch«. Nun liegt die Naht auf der Innenseite, und das Bein ist schön versäubert. Wickle den langen Nähfaden, den du hängen gelassen hast, ein paar Mal an dieser Stelle – beim Knick – um das Bein herum.

> TIPP
>
> **Schau einmal nach auf Seite 52: Beim Vogel gibt es eine Zeichnung zum Abbinden der Füße.**

Fädle den Faden wieder durch das Nadelöhr und stich durch dieses »Gewickle« ein paar Mal hindurch; dann schneidest du den Faden ab. Fülle ein kleines bisschen Füllwatte in das Bein hinein.
So ein Wassermann hat aber riesige Füße und Hände – oder eigentlich sind es ja riesige Zehen und Finger. Also, soll dein Wassermann diese jetzt auch bekommen. Schneide die Hände und Füße mit der Stickschere von unten nach oben viermal ein. Falls du keine Stickschere hast, leiht dir sicher jemand in der Familie eine Nagelschere.
Feuchte deine Finger ein bisschen an und drehe die kleinen Stoffläppchen zwischen deinen Fingern hin und her, bis sie wie kleine Zehen aussehen.
Das war doch einfach oder? Und weil es so schön einfach war, machst du das mit dem zweiten Bein und den beiden Armen ganz genauso.

Die fertigen Arme und Beine nähst du mit **Überwendlingstichen** an den Körper an – die Arme wie bei allen anderen Kerlchen, aber da so ein Wassermann ein wenig aussieht wie ein Frosch, nähst du ihm die Beine nicht in der Mitte des Körpers, sondern weiter außen an.

Das Gesicht

Nähe die Knöpfe als Augen an und sticke einen großen, roten Mund mit dem **Steppstich**, aber mach ganz große Stiche, nicht so kleine wie beim Nähen, und passe auf, dass es ein richtiger Lachmund wird.

Die Haare

machst du, wie beim Engel auf Seite 50f. beschrieben. Allerdings hat der Wassermann lange Haare und deshalb schneidest du längere Fäden von der Wolle ab.

Der kleine Engel

Engelein, Engelein, flieg! – Das kann er sicher nicht, aber engelsgleich und lieb aussehen, das kann er.

Die Anleitung für den Engel findest du auf Seite 44. Beginne bei Nummer **1**.

Du brauchst außerdem

- 1 Stück weißes Polarfleece, etwa 25 × 25 cm groß
- 1 kleines Stückchen rosa Stoff für das Gesicht
- blauen Filzschreiber für die Augen
- roten Filzschreiber für den Mund
- farblich passendes Nähgarn
- etwas braune Wolle für die Haare
- spitze Sticknadel

Zum Verzieren des Engels

- 1 kleinen Stern oder Perlen für die Haare
- ungefähr 30 cm Spitze, 6 cm breit, Tüll oder einen anderen feinen, »engelsgleichen« Stoff
- ungefähr 40 cm Bändchen zum Durchziehen am Rockbund
- dicke stumpfe Sticknadel zum Durchziehen des Bändchens

Weiter geht es mit Nummer **2**.
Du hast Recht: Für den Engel schneidest du auch noch zwei Flügel (2 × 2 Teile) und das runde Gesicht zu.

Wenn alle Teile ausgeschnitten sind, nähst du zuerst das runde Gesicht des kleinen Engels mit **Überwendlingstichen** am Kopf eines Kopf-Bauch-Teils auf. Anschließend markierst du Augen und Mund mit Bleistiftpunkten und malst sie mit Filzschreibern auf.

Wenn das Gesicht fertig aufgenäht und bemalt ist, nähst du weiter, wie ich es dir auf den Seiten 44 und 46 bei den großen grünen Nummern **3** und **4** beschrieben habe.

Arme und Beine

nähst du an, wie es auf Seite 46 unter der großen grünen **5** beschrieben ist.

Die Flügel

Du hast die Flügel ja schon ausgeschnitten und nähst jetzt mit **Steppstichen** zweimal zwei Teile zusammen. Dabei liegt die »schöne Seite« innen. Nachdem du die Flügel zusammengenäht hast, wendest du sie von innen nach außen. Die hässliche Naht ist dann auf der Innenseite verschwunden. Falls dir die Flügel zu flach aussehen, fülle ein wenig Füllwatte hinein, dann stehen sie schön vom Körper ab.
Die Flügel sind fertig genäht! Knicke an der Stelle, an der die Flügel noch offen sind, den Stoff ein bisschen nach innen. Fahre mit dem Fingernagel an dem Knick entlang, dann bleibt er schön innen im Flügel, und du kannst den Flügel ganz einfach annähen.
Nähe dem kleinen Engel mit dem **Überwendlingstich** die Flügel hinten am Rücken an.
Wenn dir die Anleitung auf dieser Seite nicht ausführlich genug ist, schau einfach beim kleinen Vogel Schreihals auf Seite 52 nach.

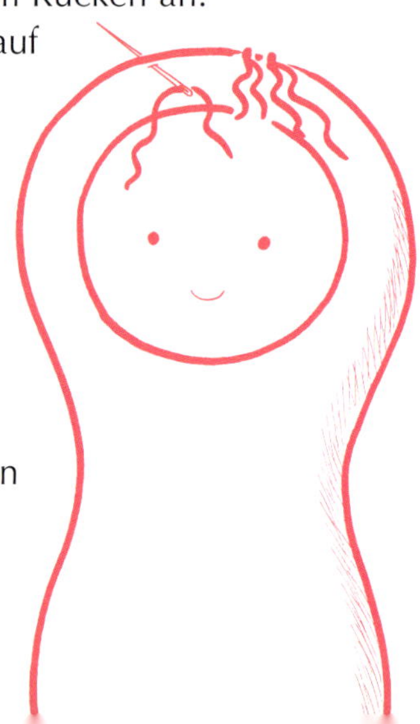

Die Haare

Schneide von der braunen Wolle ein paar Fäden ab.

Fädle die Wolle in die spitze Sticknadel ein. Stich oben am Kopf von vorne nach hinten durch die Naht. Ziehe den Faden hindurch. Nadel raus, Faden bis zur Mitte ziehen, zwei Knoten machen. Deine erste Haarsträhne ist fertig. Jetzt machst du das so oft, bis dir die Haarpracht deines Engels gefällt.

Das Röckchen

besteht aus dem sechs Zentimeter breiten Streifen Spitze oder Tüll. Falte die Spitze oder den Stoff an der schmalen Seite zusammen. Dann nähst du mit dem **Vorstich** an der offenen Seite entlang.

Fädle oben am Rock mit der stumpfen Sticknadel das Bändchen hindurch und ziehe so lange daran, bis der Rock oben eng und eingereiht ist. Fertig ist der Rock für dein Engelchen.

Der kleine Vogel Schreihals

Der kleine Vogel ist ein alter Bekannter: Er zwitschert nämlich schon vom Umschlag dieses Buches. Genäht wird er wie Schweinchen oder Katze.

Die Anleitung für den Vogel findest du auf Seite 44. Beginne bei Nummer **1**.

Du brauchst außerdem

- 1 Stück blau gemusterten Baumwollstoff, der etwa 25 × 25 cm groß ist
- 2 schwarze Knöpfe für die Augen
- schwarzes Nähgarn dafür
- grünen Baumwollstoff für die Flügel
- grünes Nähgarn dafür
- 1 Stückchen gelben Stoff für den Schnabel (Ich habe schmales Geschenkband genommen.)
- gelbes Nähgarn dafür
- 1 schwarzen Wollrest für die Haare
- dicke spitze Sticknadel
- 1 kleines Stück blauen Stoff für die Beine
- blaues Nähgarn dafür

Weiter geht es mit Nummer **2**.
Allerdings schneidest du statt der Arme Flügel aus. Zusätzlich schneidest du aus schmalem, gelbem Geschenkband oder Stoff den Schnabel zu.
Wenn alles fertig ausgeschnitten ist, nähst du ganz genauso, wie ich es dir auf den Seiten 44 und 46 bei den großen grünen Nummern **3** und **4** beschrieben habe.

Das Gesicht

deines Vögelchens hat zwei Augen aus Knöpfen und einen gelben Schnabel. Lege zuerst die beiden schwarzen Knöpfe für die Augen auf das Gesicht auf. Schiebe sie hin und her, bis dir der Ausdruck gefällt. Stich zwei Stecknadeln durch die Knopflöcher hindurch, damit die Knöpfe nicht mehr verrutschen, und näh die **Knöpfe** an.

Der Schnabel

meines Vogels besteht – wie gesagt – aus Geschenkband. Du kannst stattdessen natürlich auch ein Stückchen Stoff nehmen. Egal ob Geschenkband oder Stoff: Schneide den Schnabel nach dem Schnitt aus. (Zuschneiden steht bei der großen grünen **2**.) Knicke ihn in der Mitte.
Dort wo der Knick ist, nähst du ihn in der Mitte des Vogelgesichts mit **Vorstichen** an.

Die Beine

nähst du, wie ich es dir auf Seite 46 bei der großen grünen **5** erklärt habe.
Allerdings knickst du keine Pfötchen ab, sondern wickelst einfach an dieser Stelle einen Faden um das Bein herum. Wenn du den Faden ein paar Mal herumgewickelt hast, stich mit der Nadel und dem Faden durch den fest gewickelten Stoff hindurch, damit dein Faden vernäht ist und nicht alles wieder aufgeht.
Vielleicht gibt es bei dir zu Hause eine Zackenschere? Wenn du damit einmal unten an den Füßen entlangschneidest, gibt es hübsche kleine Krallen.

TIPP

Wenn dein Vogel längere »Zehen« bekommen soll, kannst du sie einschneiden, wie ich es beim glücklichen Wassermann auf Seite 49 beschrieben habe.

Die Flügel

hast du ja schon ausgeschnitten und nähst jetzt mit **Steppstichen** zweimal zwei Teile zusammen.
Schau dir den Schnitt noch einmal genau an. Ich habe an eine Seite geschrieben: »Hier offen lassen.« Na, und das tust du jetzt.

Nachdem du die Flügel zusammengenäht hast, wendest du sie von innen nach außen. Beide Flügel sehen dann von vorne und von hinten schön aus, und die Naht ist auf der Innenseite verschwunden. Falls dir die Flügel zu flach aussehen, fülle ein wenig Füllwatte hinein, dann stehen sie schön vom Körper ab. Es sieht dann so aus, als wollte dein Vögelchen gleich davonfliegen.
Die Flügel sind fertig genäht! Knicke an der Stelle, an der die Flügel noch offen sind, den Stoff ein bisschen nach innen. Fahre mit dem Fingernagel an dem Knick entlang, dann bleibt er schön innen im Flügel, und du kannst den Flügel ganz einfach annähen.
Nähe die Flügel mit dem **Überwendlingstich** direkt auf den Seitennähten an, dort, wo du bei den anderen Kerlchen die Arme angenäht hast – erst den einen Flügel und dann den anderen.

Der Haarschopf

Schneide von der schwarzen Wolle drei Fäden ab. Fädle die Wolle in die Sticknadel ein. Stich oben am Kopf von vorne nach hinten durch die Naht. Ziehe den Faden hindurch. Nadel raus. Faden bis zur Mitte ziehen, drei Knoten machen. Deine erste Haarsträhne ist fertig. Jetzt machst du das noch zweimal.
Schon sprießen am Kopf deines Vogels drei kleine Haarbüschel. Schneide sie so kurz ab, dass sie in die Höhe stehen.
Beim Engel auf Seite 50 gibt es eine Zeichnung zum Einknüpfen der Haare.
Dein Vogel ist fertig. Vielleicht möchtest du ihn jemandem schenken, den du besonders gern hast?

Die Puppe Babette

So heißt meine Puppe. Sicher suchst du dir einen ganz anderen Namen für deine Puppe aus. Ich zeige dir auf den folgenden Seiten nicht nur, wie du die Puppe selber machen kannst, sondern auch, wie du Kleider für sie nähst.

Das brauchst du

- Seidenpapier oder Schnittpapier oder Butterbrotpapier oder sonst ein dünnes Papier, durch das du gut hindurchsehen kannst
- Bleistift zum Nachzeichnen des Schnittes
- Papierschere zum Ausschneiden des Schnittmusters
- Klebestreifen (z.B. Tesafilm) zum Zusammenkleben des Schnittes
- 2 Stücke dünnen, weißen oder hautfarbenen Stoff, 30 × 40 cm groß
- Stoffschere zum Zuschneiden des Stoffs
- kleine Schere zum Einschneiden an den Rundungen (Dazu gibt es Stickscheren, die besonders klein und fein sind. Vielleicht darfst du dir aber auch ausnahmsweise eine Nagelschere ausleihen.)
- Filzstifte zum Malen von Mund, Augen und Nase
- Nähnadel
- Nähgarn zum Zusammennähen der Puppe
- Füllwatte
- Wolle für Haare
- dicke spitze Sticknadel, um die Haare am Kopf festzunähen
- Kochlöffel

So nähst du

Steppstich	Seite 11
Überwendlingstich	Seite 11
Vorstich	Seite 9

Und jetzt geht's los

Lege dein Schnittpapier oder Butterbrotpapier oder sonst ein dünnes Papier, durch das du gut hindurchsehen kannst, auf die Zeichnung der Puppe auf.

Pause mit dem Bleistift die Puppe auf das dünne Papier ab: zuerst den oberen Teil, der auf Seite 54 abgebildet ist (Kopf, halber Körper und halbe Arme), dann den unteren Teil auf Seite 55 (untere Hälfte des Körpers und der Arme, Beine).
Damit du die ganze Puppe auf einem Schnittmuster hast, klebst du beide Teile mit Klebestreifen in der Mitte zusammen. Damit gar nichts schief geht, habe ich dir grüne Striche an die Stellen gezeichnet, an denen du die beiden Schnitte zusammenklebst.
Du hast dein Schnittmuster zusammengeklebt und ausgeschnitten.

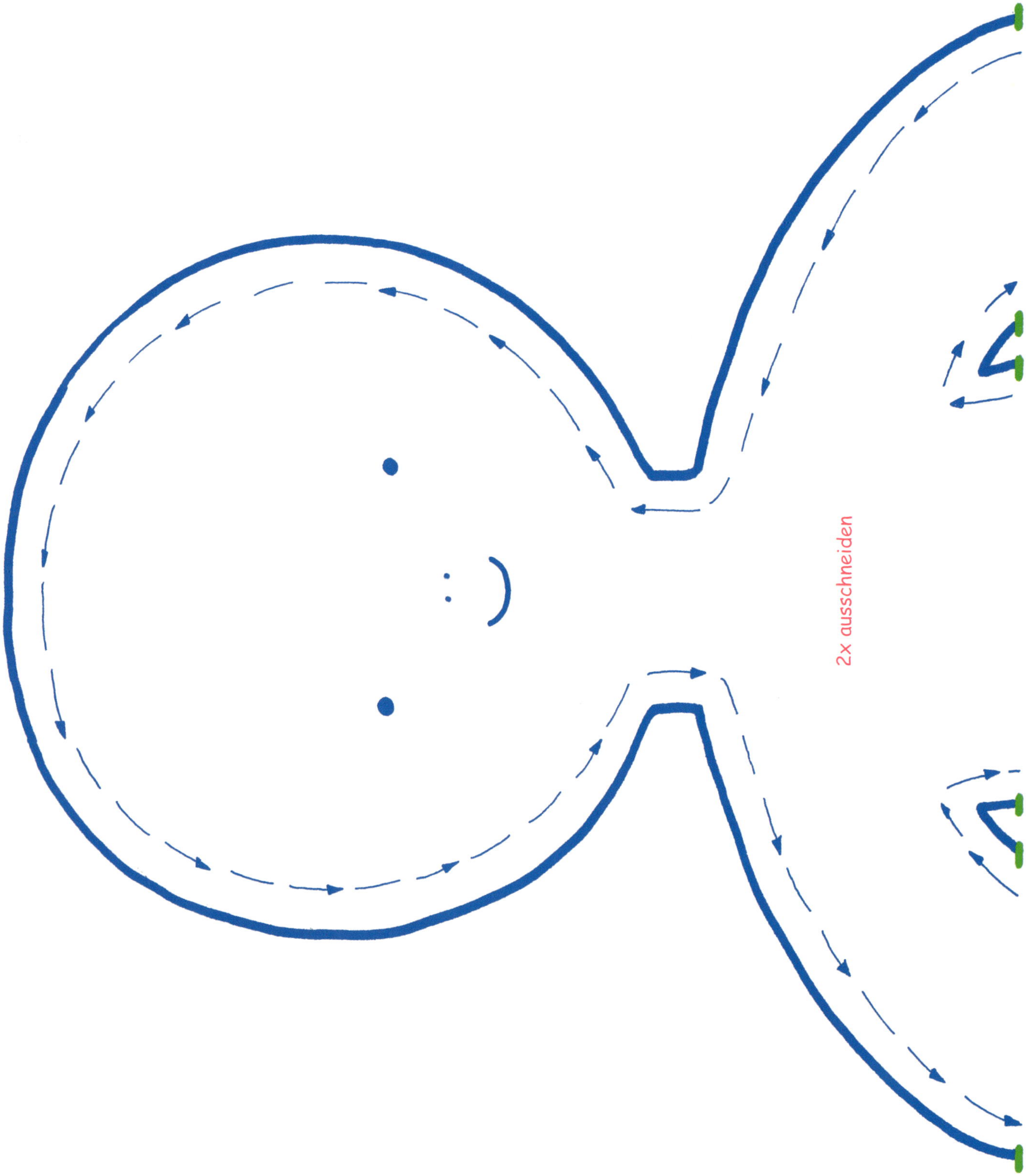
2x ausschneiden

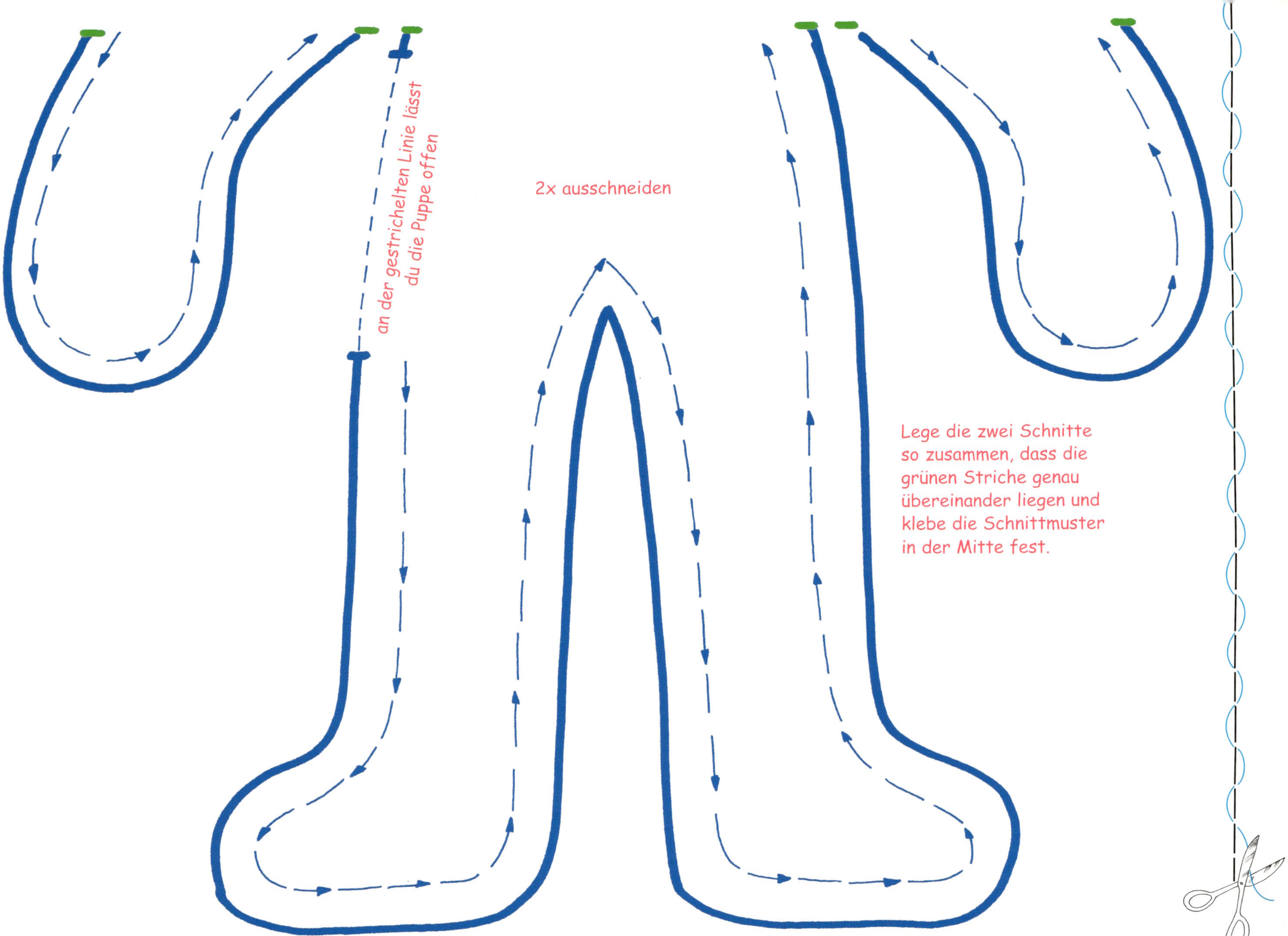

an der gestrichelten Linie lässt du die Puppe offen
2x ausschneiden
Lege die zwei Schnitte so zusammen, dass die grünen Striche genau übereinander liegen und klebe die Schnittmuster in der Mitte fest.

Lege die »schöne Seite« der beiden Stoffstücke aufeinander und oben drauf dein Schnittmuster. Stecke es mit Stecknadeln fest: oben am Kopf, an den beiden Bäckchen, den Schultern, den Armen, den Händen, am Bauch, an den Beinen und den Füßen.

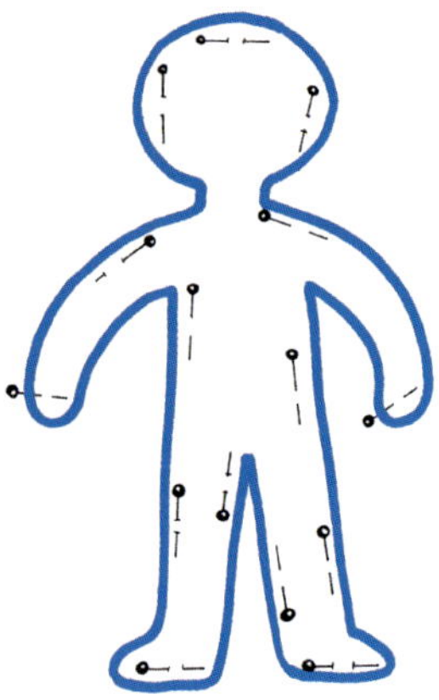

Je mehr Stecknadeln du verwendest, umso glatter liegt alles und umso einfacher kannst du zuschneiden.
Vielleicht möchtest du, dass das Gesicht deiner Puppe so aussieht wie auf dem Foto. Dann stich mit dem Bleistift dort, wo die Augen, die Nase und der Mund sind, mit dem Bleistift durch das Papier hindurch. Augen und Nase sind nur kleine Pünktchen. Beim Mund machst du drei kleine Punkte: einen an den beiden Enden und einen in der Mitte. Später kannst du dann diese drei Punkte mit einem roten Strich verbinden und die Augen in der Farbe malen, die dir am besten gefällt.
Aber am schönsten ist es natürlich, wenn du das Gesicht nach deinem eigenen Geschmack malst, denn deine Puppe ist schließlich auf der ganzen Welt einmalig. Niemand kann die gleiche besitzen. Vielleicht bist du ja auch ein Naturtalent und malst ganz einfach drauflos.

Jetzt wird's spannend: Du schneidest den Stoff um den Schnitt herum aus. Du kannst das Ganze in die Hand nehmen und drumherum schneiden oder du legst alles vor dich auf den Tisch und schneidest dann aus – einfach so, wie du es am besten kannst.
Wenn die Puppe fertig ausgeschnitten ist, ziehst du alle Stecknadeln heraus. Stecke sie zurück in das Nadelkissen oder lege sie in die Dose, denn du weißt ja: Stecknadeln verschwinden so schnell!
Lege deinen Schnitt zur Seite. Vielleicht willst du ja noch einmal eine Puppe nähen, dann hast du gleich einen fertigen Schnitt.

Puppe nähen

Jetzt nähst du deine Puppe zusammen. Schau einmal im Buch auf das Schnittmuster. Dort habe ich dir mit kleinen Pfeilen eingezeichnet, wo du nähst. Lass an der Seite ein Stück offen. Auch das habe ich dir im Schnittmuster eingezeichnet. Du musst ja irgendwo die Füllwatte einfüllen können. An dieser Stelle geht das ganz bequem, und man sieht die Naht fast gar nicht, wenn du diesen Schlitz später von außen zunähst.
Nähe mit dem **Steppstich** (siehe Seite 11).
Ein bisschen Geduld brauchst du schon. Es kann dir aber gar nicht langweilig werden, wenn du beim Nähen Musik hörst.

Tipp

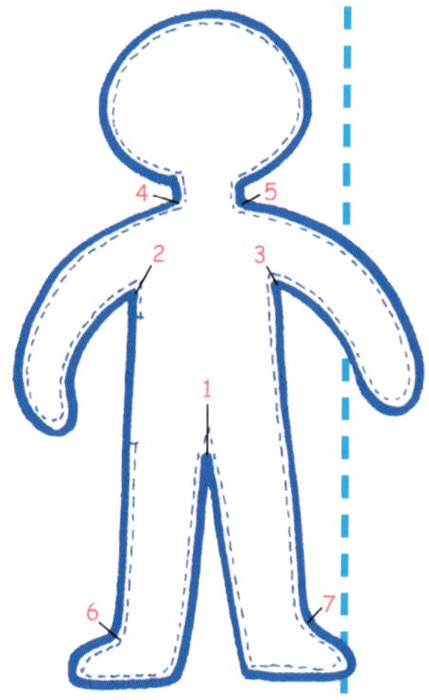

Und jetzt verrate ich dir noch einen kleinen Trick. Dort wo du beim Nähen »in die Kurve« gegangen bist, schneidest du den Stoff bis fast zur Naht mit einer kleinen, feinen Schere ein bisschen ein: am Körper zwischen den Beinen bei der Ziffer 1, am Körper bei den Armen bei den Ziffern 2 und 3, am Hals bei den Ziffern 4 und 5 und an den Füßen bei den Ziffern 6 und 7. Aber pass ganz gut auf, dass du nicht in die Naht schneidest. Falls dir das zu knifflig ist, findest du ganz bestimmt einen netten Menschen, der das für dich macht. Wenn der Stoff so eingeschnitten ist, kann er sich gut ausdehnen, und du musst dich später nicht über hässliche Falten und »Schrumpeln« an diesen Stellen ärgern.

Als Nächstes wendest die beiden zusammengenähten Stücke von außen nach innen.
Beginne oben am Kopf. Jetzt kommt der Kochlöffel zum Einsatz. Schiebe mit dem Kochlöffel den Kopf in den Körper hinein und an der Seite, dort, wo du offen gelassen hast, nach draußen.

Dem Kopf folgt erst der eine Arm, dann der andere. Dann schiebst du das Bein und den Fuß nach draußen. Und gleich folgen das zweite Bein und der zweite Fuß. Alles ist durch den Schlitz an der Seite nach draußen gewandert – naja, eigentlich geschoben worden!
Aber wie sieht das denn aus? Soll das eine Puppe sein? Ein langes, schmales Ding mit einem riesigen Kopf, Würstchen als Arme und Beine. Ein ziemlich lappiges Etwas hast du da!
Deine Puppe als Schlangenmensch!

Puppe ausstopfen

Aber das wird gleich besser, denn du stopfst deine Puppe mit Füllwatte aus.
Reiße kleine Stücke – ungefähr so groß wie ein Tischtennisball oder ein Ei – von der Watte ab. Viele kleine Stückchen lassen sich besser einschieben und verteilen als ein großer Klumpen.
Zuerst kommen die Füße und die Beine dran. Schiebe die Füllwatte mit dem Kochlöffelstiel durch das Bein Stückchen für Stückchen in den Fuß, bis zur Spitze hinein. Mit dem Kochlöffelstiel ganz fest andrücken. Wenn du den ersten Fuß und das Bein ganz fest gefüllt hast, kommen der zweite Fuß und das zweite Bein dran. Fülle als Nächstes die beiden Hände und Arme aus.

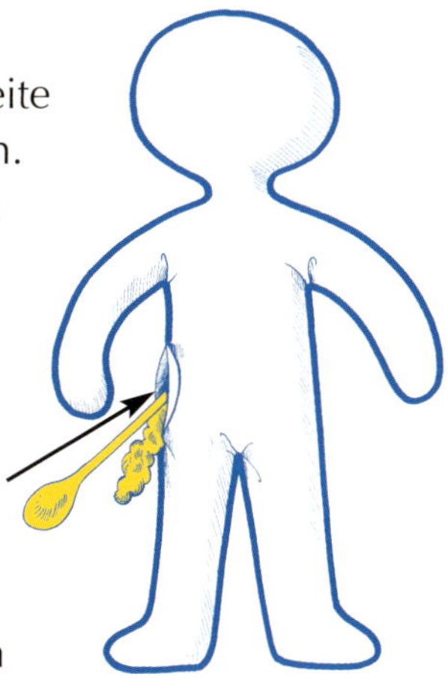

An dieser Stelle ist die Puppe offen, hier schiebst du die Füllwatte rein

Für die Hände nimmst du nur wenig Füllwatte, denn Hände sind ja nicht so dick wie Arme!
Fülle als Nächstes den Kopf, danach den Hals und ganz am Schluss den Körper mit der Watte aus.

Wenn die Puppe richtig gefüllt ist, nähst du den Schlitz an der Seite mit **Überwendlingstichen** zu. Damit auf der Außenseite keine hässliche Naht entsteht, faltest du den Stoff vom »Bauch« und vom »Rücken« ein Stückchen nach innen. Er legt sich ganz leicht in Form. Fahre mit dem Fingernagel an dieser Falte entlang, und schon kannst du die beiden Seiten zusammennähen. Vergiss nicht den **Faden zu vernähen**. Einfach mit der Nadel durch den Bauch stechen – aua! – innen entlangfahren und am Anfang der Naht mit der Nadel wieder nach außen stechen, abschneiden, fertig.

Tipp

Wenn du an den Armen und Beinen dort, wo sie am Körper »angewachsen« sind, ein paar Vorstiche nähst, kann dein Puppenkind Arme und Beine besser bewegen und auch richtig sitzen.

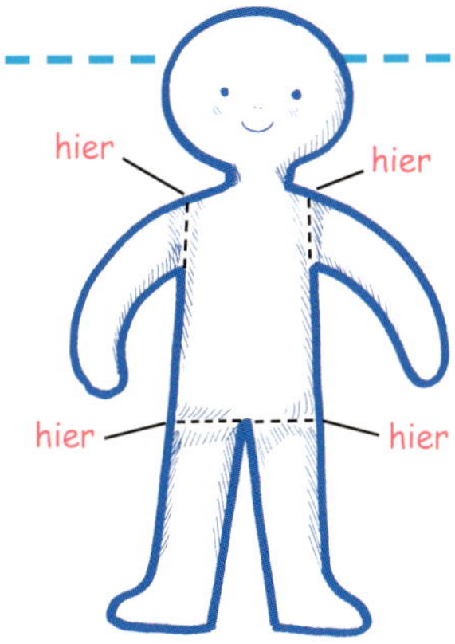

Siehst du, jetzt sieht deine Puppe schon fast wie eine richtige Puppe aus. Aber noch hat sie keine Haare und kein Gesicht.

Haare

Jetzt bekommt dein Puppenkind Haare.
Welche Haarfarbe und Frisur soll deine Puppe haben? Blonde, braune, rote, schwarze Haare? Einfarbig oder mit bunten Strähnchen? Zöpfe, lange Haare, kurze Haare mit Ponys oder Locken?
Ich habe die Haare meiner Puppe aus der Wolle Sympatic von Schachenmayr (Farbe 10, Mocca) geknotet.
Für kurze Haare wickelst du die »Haar-Wolle« ungefähr 20-mal um ein kleines Taschenbuch, ein Vokabelheft oder ein Brotbrettchen herum. Für lange Haare wickelst du die Wolle ungefähr 30-mal an der langen Seite um dieses Buch herum. Das klingt nach viel, geht aber ganz schnell.

Wenn du die Wolle gewickelt hast, legst du das Buch oder Brett vor dich auf den Tisch und schneidest die Fäden an einer Seite auf. Jetzt hast du lauter gleich lange Fäden und kannst mit der Frisur für dein Puppenkind beginnen.
Fädle den Wollfaden durch die dicke spitze Sticknadel. Stich ihn oben in der Mitte des Kopfes, direkt an der Naht von vorne nach hinten durch die Naht hindurch. (Schau einmal bei dem kleinen Engel auf Seite 50 nach: Dort findest du eine Zeichnung dazu.)
Zieh den Faden bis zur Mitte und zieh die Nadel heraus. Knote den Faden mit zwei Knoten fest. Das erste Haar sprießt am Kopf! Sieht doch schon ganz lustig aus, oder? Na ja, ein bisschen wenig, aber das wird sicher gleich besser.
Du nimmst den zweiten Faden und machst das Gleiche wie mit dem ersten. Knote immer einen Faden neben den anderen an der Naht entlang einmal rechts und einmal links bis etwa zur Schläfe.
Du hast eine Reihe geknüpft und du findest, die Haare könnten noch ein wenig fülliger sein. Dann knote einfach noch einmal eine Reihe am Hinterkopf, genau hinter der ersten Reihe entlang. Dafür brauchst du dann noch einmal ungefähr 30 Fäden.
Fertig ist die Perücke deiner Puppe. Nun kommt die große Entscheidung: Welche Frisur machst du deiner Puppe? Du kannst die Wollfäden aufdröseln, damit eine üppige Lockenfrisur entsteht. Du kannst aber auch mit zwei bunten Fäden Rattenschwänzchen abbinden. Lange Puppenhaare kannst du zu Zöpfen flechten. Probier einfach dies und das aus!

Nun ist deine Puppe ganz fertig. Ich bin sicher, du findest sie ganz, ganz lieb.
Hat sie schon einen Namen? Meine heißt Babette.
Sicher willst du ihr auch noch etwas zum Anziehen nähen.
Auf den folgenden Seiten findest du eine wunderschöne Garderobe für deine Puppe. Und das Beste daran: Alle Sachen sind leicht zu nähen!

Das einfachste aller Puppenkleider

Dieses Puppenkleid ist ganz einfach zu nähen. Suche dir karierten, gestreiften, geblümten oder gepunkteten Stoff aus – immer wird daraus ein anderes Kleid.

Das brauchst du

- 2 Stoffstücke, die so groß sind wie dieses Buch
- Nähgarn in der Farbe deines Stoffes
- Nähnadel
- 1 m Satinband, etwa so breit wie einer deiner Finger
- Sicherheitsnadel zum Durchziehen des Bandes
- Stecknadeln
- Stoffschere
- Bleistift
- Lineal

So nähst du

Vorstich	Seite 9
Überwendlingstich	Seite 11
Faden vernähen	Seite 15

Ich habe als kleines Mädchen für meine Puppen immer die einfachsten aller Kleider, Jacken und Mäntel genäht, indem ich überhaupt nicht genäht habe. Ich habe meine Puppe auf ein Stück Stoff gelegt, dort, wo die Arme waren, Löcher in den Stoff geschnitten, ein Stück Stoff oder ein Band als Gürtel um den Bauch der Puppe geknotet, und schon war meine Puppe angezogen. Meine einzigen Variationen waren lange oder kurze Sachen, verschiedene Stoffe und oben am Hals mehr oder weniger Stoff, sodass es aussah wie ein Kragen oder ein runder Ausschnitt.

Also ganz so einfach, denke ich, möchtest du es nun doch nicht machen, weil du ja so gut nähen kannst, dass du schon eine ganze Puppe genäht hast. Deshalb habe ich dir hier ein paar ganz einfache Schnittmuster gezeichnet und natürlich dazugeschrieben, wie du nähst. Alle Sachen kannst du aus verschiedenen Stoffen nähen. So wirst du selbst zur Modeschöpferin oder zum Modeschöpfer!

Und jetzt geht's los

Falte den Stoff zusammen: »schöne Seite« auf »schöne Seite«.

Lege das Buch auf den doppelten Stoff. Fahre mit dem Bleistift um das Buch herum.

Schneide den Stoff an den Bleistiftlinien aus. Schau dir die Zeichnung an, dann kannst du es ganz leicht nachmachen.

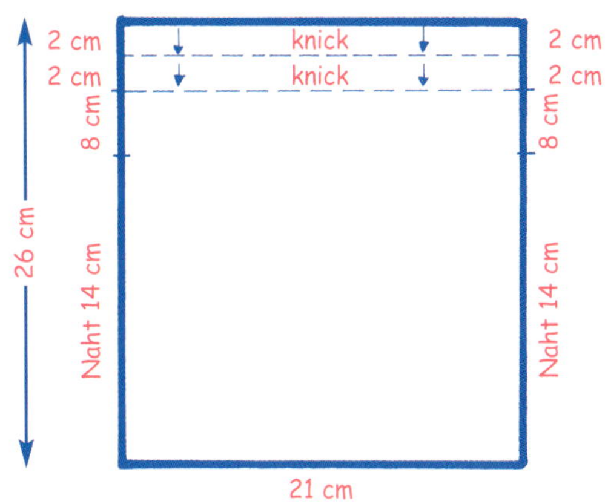

Nähe zuerst den Tunnel (So nennt man das wirklich!) für das Satinband oben am Hals. Die beiden Stoffstücke liegen nebeneinander mit der »schönen Seite« nach unten auf dem Tisch. Miss mit dem Lineal 2 cm von oben nach unten. Schau, in der Zeichnung auf Seite 59 habe ich es dir eingezeichnet. Mache an dieser Stelle einen Knick.

Ich weiß nicht, ob du schon alt genug bist und bügeln kannst. Wenn ja, bügelst du jetzt über den Knick. Ansonsten hilft dir bestimmt jemand dabei. Es geht aber auch ganz ohne Bügeln: Du fährst einfach mit dem Fingernagel über diese Kante, sodass ein Knick bleibt. Jetzt klappst du das Ganze noch einmal genauso um.
Siehst du, schon hast du einen Tunnel. Durch ihn ziehst du später das Satinband. Aber erst musst du den Tunnel festnähen. Nähe einfach diesen doppelt gefalteten Stoffstreifen mit dem **Überwendlingstich** am Kleiderstoff darunter fest. Am Anfang und am Ende bleibt der Tunnel natürlich wie ein richtiger Tunnel offen.

Mache genau das Gleiche mit deinem zweiten Stoffstück.
So, deine beiden »Tunnel« sind fertig und du nähst die beiden Stoffstücke an den Seiten im **Vorstich** zusammen. Das geht auch ganz einfach. Lege die beiden Teile so zusammen, dass die »schönen Seiten« aufeinander liegen.
Miss von der oberen Kante, also der mit dem Tunnel, 8 cm nach unten ab. Stecke eine Stecknadel an diese Stelle – erst an der einen Seite, dann an der anderen.
Nähe von der Stecknadel nach unten zum Rocksaum. Klar, das machst du an beiden Seiten. **Fäden vernähen** nicht vergessen.

Jetzt kannst du das Satinband durch die Tunnels ziehen. Auch das geht ganz einfach. Schneide das Satinband in der Mitte durch: Schon sind es zwei Bänder, eines für das Vorderteil und eines für das Rückenteil. Stich durch das eine Ende des Bandes die Sicherheitsnadel und fahre mit der Sicherheitsnadel durch den Tunnel. Ziehe noch ein wenig an, sodass an beiden Seiten gleich lange »Schwänzchen« heraushängen. Du machst das natürlich am Vorder- und am Rückenteil.
Jetzt kommt der spannende Augenblick! Du ziehst deiner Puppe das Kleid an.
Hupps, das ist aber ein weiter Sack! Gleich wird es besser: Stecke mit einer Stecknadel vorne und hinten in der Mitte das Band im Tunnel fest.
Warum? Nun, wenn du jetzt an den beiden Enden des Bändchens ziehst, saust es dir nicht durch den Tunnel hindurch, sodass du wieder von vorne anfangen müsstest.
Also: Du steckst das Band an Vorder- und Rückenteil fest, schiebst die Oberkante des Kleides zusammen und bindest die Bänder auf jeder Schulter zur Schleife. Stecknadeln herausziehen – fertig!
Sieht sie nicht wunderschön aus deine Puppe?

Der Rocksaum

Du machst ihn ganz genauso wie den Tunnel. Falte aber immer nur 1 cm nach innen. Stecke den Rocksaum mit Stecknadeln fest, dann kannst du einfacher nähen. Nähe den Rocksaum mit dem Überwendlingstich auf der Innenseite des Kleides fest.

Perlenschmuck

Du kannst das Kleid noch hübscher machen. Wenn du an die Stelle am Tunnel, an die du vorher die Stecknadel gesteckt hast, dass dein Bändchen nicht hindurchflutscht, eine kleine Perle nähst. Die Perle ist Schmuck und hält zugleich das Bändchen an dem Platz, an den es gehört.

Kragen

Vielleicht willst du auch noch einen Kragen dazu machen. Wie das geht, erfährst du beim eleganten Schweinchen auf Seite 47.

Der Blümchenrock

muss natürlich nicht immer ein Blümchenrock sein. Du kannst ihn auch aus kariertem, gestreiftem, gepunktetem oder einfarbigem Stoff nähen, kurz oder lang – so, wie es dir am besten gefällt.

Der Rock ist noch einfacher als das Kleid zu nähen. Er hat nur eine Naht an der Seite und oben in der Taille einen Tunnel wie das Kleid. Durch den ziehst du aber kein Satinband, sondern ein Gummiband. Wie lang der Rock wird, entscheidest du. Babettes Rock, den ich hier beschreibe, ist lang.

Das brauchst du

- 1 Stück Stoff, das ungefähr 15 × 40 cm groß ist
- passendes Nähgarn dazu
- Nähnadel
- 25 cm Gummiband, 5 mm breit
- Sicherheitsnadel
- Stecknadeln
- Stoffschere
- Maßband oder ein Lineal
- 70 cm Satinband, wenn du wie bei Babettes Rock einen Gürtel mit Schleife möchtest

So nähst du

Steppstich	Seite 11
Überwendlingstich	Seite 11
Faden vernähen	Seite 15

Und jetzt geht's los

Dein Stoffstück liegt vor dir. Du faltest es so, dass die »schöne Seite« auf der »schönen Seite« liegt. Auf der Zeichnung siehst du ganz genau, was ich meine.

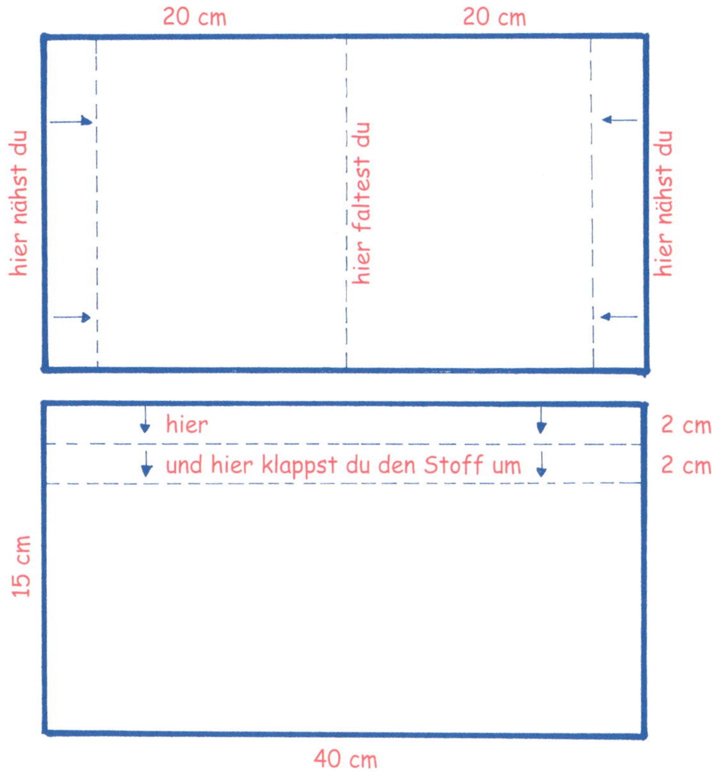

Beim Rock hast du nur eine Naht zu nähen, deshalb nähe den Stoffstreifen auf der einen Seite mit **Steppstichen** zusammen.
Wenn du oben angekommen bist, **Faden vernähen** nicht vergessen! Dein Rock sieht aus wie ein rundes Rohr.

Nun nähst du den Tunnel für das Gummiband. Klappe am oberen Ende rundherum den Stoff 2 cm nach unten. Klappe den Stoff noch einmal 2 cm nach unten. Fertig. Bügle diese beiden Knicke oder – wenn du noch zu klein zum Bügeln bist – bitte jemanden, das für dich zu tun. Stecke diesen Tunnel mit Stecknadeln fest.
Danach nähst du einfach diesen doppelt gefalteten Stoffstreifen mit **Überwendlingstichen** fest. Aber halt! Nicht ganz rundherum. Du willst ja mit deinem Gummiband noch irgendwo hinein und wieder heraus. Lass am Ende einfach 2 cm offen.

So, der Tunnel ist fertig. Du ziehst das Gummiband hindurch: Stich die Sicherheitsnadel durch das eine Ende des Gummibandes und fahre mit ihr durch den Tunnel hindurch. Damit dir das andere Ende des Gummibandes nicht in den Tunnel hineinrutscht, steckst du es mit einer Stecknadel am Stoff fest. Schon kannst du weitermachen. Wenn du wieder am Ausgang angekommen bist, schauen beide Gummiband-Enden aus dem »Tunnelloch« heraus. Ziehe deiner Puppe den Rock an.
Ziehe an den beiden Enden des Gummibandes, bis der Rock in der Taille schön eng sitzt. Knote den Gummi mit zwei Knoten zusammen und schneide die zu langen Enden ab. Fast ist der Rock fertig!

Du musst nur noch unten mit Überwendlingstichen einen Rocksaum nähen, ungefähr 1 cm hoch. Wie das geht, steht beim Kleid auf Seite 60.
Ich habe den Rock unten mit der Zackenschere abgeschnitten und keinen Saum genäht. Das sieht auch ganz hübsch aus, und der Stoff franst nicht aus.

Das Jäckchen

Zum Rock braucht deine Puppe natürlich noch ein Oberteil. Du kannst ein Top nach der Beschreibung für das einfache Kleid von Seite 59 nähen. Für kühle Tage nähst du der Puppe eine Jacke.

Das brauchst du

- dünnes Seidenpapier für das Schnittmuster
- Bleistift, um den Schnitt abzupausen
- Papierschere zum Ausschneiden des Schnittmusters
- 1 Stoffstück, das 20 × 15 cm groß ist
- Stoffschere zum Zuschneiden des Stoffs (vielleicht auch eine Zackenschere)
- Nähgarn in der Farbe deines Stoffes
- Nähnadel
- Haken und Öse
- Stecknadeln

So nähst du

Steppstich	Seite 11
Überwendlingstich	Seite 11
Faden vernähen	Seite 15

Und jetzt geht's los

Pause den Schnitt von Seite 63 ab. Schneide das Schnittmuster aus. Ich habe ins Schnittmuster geschrieben, wo du den Stoff schneidest, und vor allem, wo du **nicht** schneidest. Wenn du eine Zackenschere hast, kannst du den Stoff damit zuschneiden. Das sieht hübsch aus, und du sparst dir später das Umnähen.

Du hast jetzt drei Teile. Ein Rückenteil und zwei Vorderteile. Lege die beiden Vorderteile auf das Rückenteil, »schöne Seite« auf »schöne Seite«.

Ich habe dir ins Schnittmuster Buchstaben geschrieben: Nähe mit dem **Steppstich** vom Buchstaben A zum Buchstaben B. Das ist die Arm- und Schulternaht. Nähe beide Nähte!

Nähe vom Buchstaben C zum Buchstaben D. Das ist die Seitennaht. Natürlich nähst du diese Naht auch an beiden Seiten.

Und schließlich nähst du noch an beiden Ärmeln vom Buchstaben C zum Buchstaben E. Das ist die Unterarmnaht.

Wenn du es besonders schön nähen möchtest, knickst du die Kante der beiden Vorderteile 1 cm nach innen und nähst sie mit dem **Überwendlingstich** fest. Knicke die beiden Ärmel vorne am Bündchen 1 cm nach innen und nähe sie auch mit dem Überwendlingstich fest. Du hast es ganz einfach, wenn du das Jäckchen von innen nach außen wendest und dann nähst.

Haken und Ösen

Nähe Haken und Öse vorne am Ausschnitt an. An der einen Seite die Öse und an der anderen Seite das Häkchen – wo, habe ich dir ins Schnittmuster eingezeichnet.

Fertig ist das Jäckchen! Jetzt muss deine Puppe nicht mehr frieren und sieht noch dazu sehr hübsch aus.

TIPP

Die Jacke kannst du mit kurzen oder langen Ärmeln nähen. Wenn du die Vorderteile und das Rückenteil länger schneidest, wird sogar ein Mantel daraus. Außerdem sieht die Jacke immer wieder anders aus, wenn du unterschiedliche Stoffe verwendest.

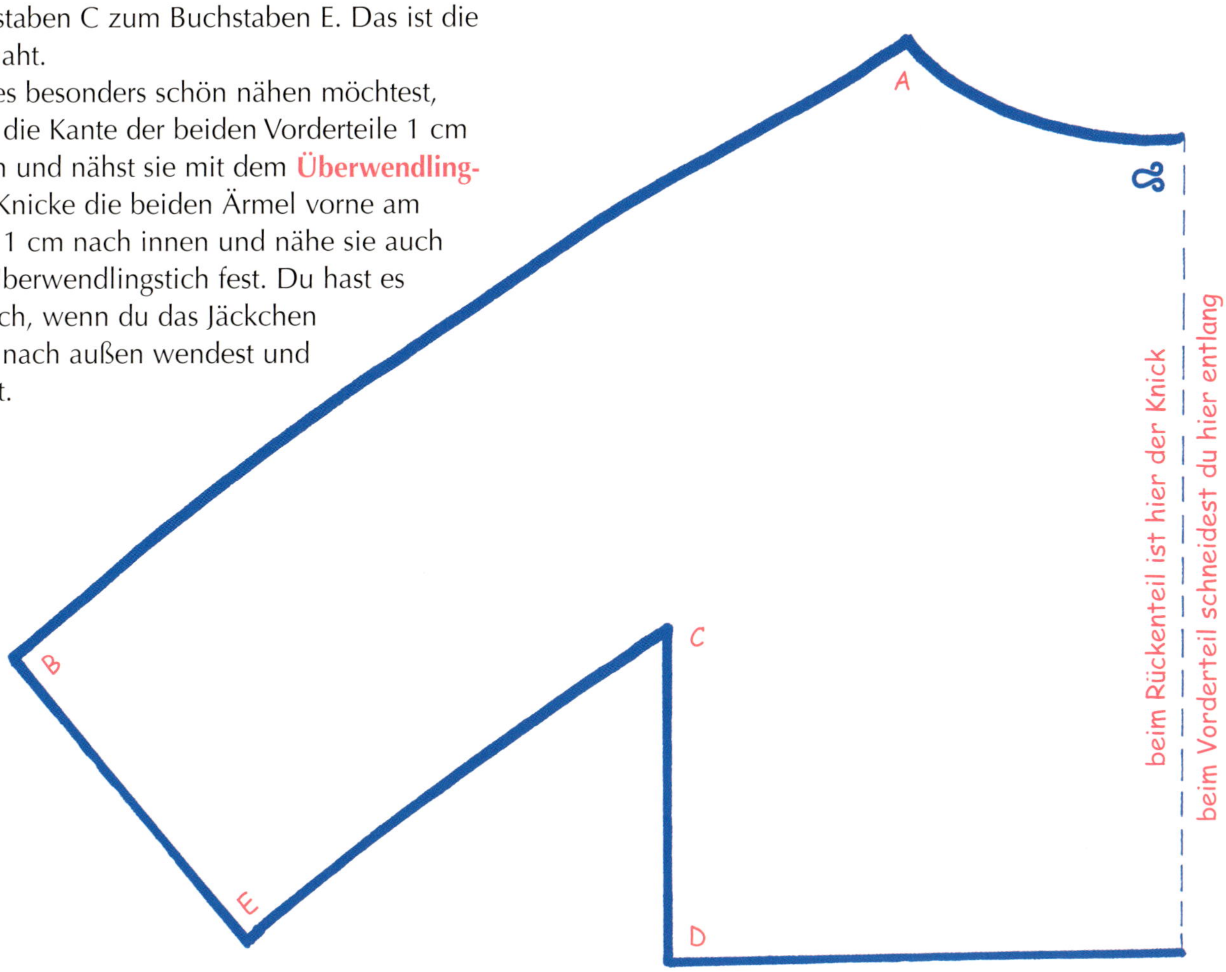

Die Autorin

Ute Hammond besitzt seit über 20 Jahren ein Handarbeitsgeschäft in Gräfelfing bei München, wo sie auch Kurse für Kinder und Erwachsene gibt.
Sie hat ein Internetportal **www.fuerkids.de** und freut sich auf und über Zuschriften.

Danksagung

Ganz besonders möchte ich mich bedanken bei Doris Bayer, die wie eine Detektivin nach Fehlern suchte, bei Helene und Pauline Rintsch, die so fleißig Modelle nachgenäht haben und bei meiner Enkelin Dilara Sözen, die das schöne Bild auf dem Umschlag gemalt hat. Ferner danke ich Ute Holk von der Firma Jim Knopf, die all die schönen Knöpfe zur Verfügung gestellt hat, und Stefanie Frey von der Firma Schachenmayr/Coats GmbH für die Strickgarne, aus denen die Puppenfrisuren entstanden.

Die aufgeführten Nähhilfen beziehen sich auf das Deutsche Gebrauchsmusterpatent: Vorrichtung zum Erlernen des Stickens Nr. 29817369.7 von Ute Hammond, Gräfelfing.

Bibliografische Information Der Deutschen Bibliothek
Die Deutsche Bibliothek verzeichnet diese Publikation in der Deutschen Nationalbibliografie; detaillierte bibliografische Daten sind im Internet über http://dnb.ddb.de abrufbar.

Impressum

Ein Unternehmen der Droemerschen Verlagsanstalt Th. Knaur Nachf. GmbH & Co. KG, München

Projektleitung: Annett Wagner
Umschlagkonzeption: ZERO Werbeagentur, München
Umschlagherstellung und -layout: Daniela Meyer
Fotografie: Klaus Lipa, Diedorf bei Augsburg
Illustrationen und Anleitungszeichnungen:
Kristiana Heinemann, Oberriexingen
Illustrationen auf Seite 38: Claudia Wiedenroth, Niederstaufen
Lektorat: Helene Weinold-Leipold, Altenmünster-Violau
Satz und Layout: Gaby Herbrecht
Herstellung: Hartmut Czauderna
Reproduktion: kaltnermedia GmbH, Bobingen
Druck und Bindung: Appl, Wemding

ISBN 13: 978-3-426-64213-9
ISBN 10: 3-426-64213-1

Printed in Germany

5 4 3 2 1

**Bitte besuchen Sie uns im Internet:
www.knaur-ratgeber.de**